AF537939

YOSANO AKIKO

MÄNNER UND FRAUEN

YOSANO AKIKO

MÄNNER UND FRAUEN

Essays
Deutsche Erstausgabe

Ausgewählt,
aus dem Japanischen übersetzt und
mit einem Nachwort von
Eduard Klopfenstein

MANESSE VERLAG

I.

Persönliches

Mein literarisches Leben

Ich stehe unter fortwährendem Arbeitsdruck. Jeden Tag des Monats, von Anfang bis Ende, verbringe ich mit dringenden Schreibarbeiten – ein Leben, das zwar nicht von körperlicher Arbeit geprägt ist, aber noch mehr Anstrengung und Ungemach verursacht als diese. In jungen Jahren, noch zu Hause bei meinen Eltern, stellte ich mir vor, es sei nichts so einfach und erstrebenswert wie die Existenz als Literatin. Diese sah in meiner Vorstellung jedoch deutlich anders aus als heute, da sie für mich Wirklichkeit geworden ist. Wenn ich damals neben meiner Arbeit im Geschäft unserer Familie zum Pinsel griff, gelang es mir, mit ähnlichen Gefühlen wie ein vor sich hin zwitschernder Vogel meine Tanka-Gedichte zu Papier bringen. Ich war zufrieden, wenn ich einfach dichten konnte. Es gab nicht die geringste Notwendigkeit, dabei an meinen Lebensunterhalt zu denken. Jetzt aber ist die Situation eine andere. Den Schreibpinsel in die Hand zu nehmen ist nun zu meinem Beruf geworden, zur unmittelbaren Grundlage, mich und meine Familie durchzubringen. Das Vergnügen zu dichten, wie es mich gerade überkommt, ist mir zwar geblieben. Aber allein damit wäre ich nicht einmal in der Lage, für meinen eigenen Lebensunterhalt zu sorgen, geschweige denn eine Familie zu ernähren. Deshalb sehe ich mich gezwungen, den Pinsel für allerhand Auftragsarbeiten in die Hand zu nehmen, selbst dann, wenn ich keine große Lust dazu habe oder es sich gar um Texte handelt, deren Niederschrift mir nicht besonders dringlich erscheint. Populäre Inhalte lassen sich eben leichter in Geld für den Lebensunterhalt verwandeln als Texte mit eigenem künstlerischem Anspruch. Das ist auch der häufigste Grund, warum Literaten mit anfangs vielversprechenden Talenten, aber schwachem Willen irgendwann scheitern und ins Fahrwasser der Unterhaltung geraten.

Ich selbst habe, was das betrifft, gelegentlich ein ungutes Gefühl. Die Autorinnen des *Genji*-Romans[1] und des *Kopfkissenbuchs*[2] kannten keine solche Bedrängnis. Im Leben der talentierten adligen Damen waren Kunst und Liebe innig verschmolzen. Es war ein traumhaftes Zeitalter, ein Zeitalter, in dem sie diese irdische Welt gleich dem Paradies des Buddha genießen konnten. Gewiss, es gab auch eine Kehrseite, ein heftiges Auf und Ab im täglichen Leben als Folge der Wechselfälle in Politik und Regierungsgewalt. Dennoch traf dieses Auf und Ab die Menschen nicht so direkt oder entschied gar über Leben und Tod, wie das heute der Fall ist.[3] Man war souverän genug, solche Wechselfälle als Unbeständigkeit und Vergänglichkeit dieser Welt zu beweinen, aber auch zu akzeptieren. Die heute geborenen Literaten aber werden – in einer Zeit, da sie die Literatur zur unmittelbaren Grundlage des Lebensunterhalts einsetzen müssen – wohl bedauerlicherweise nicht darum herumkommen, das Wichtigste, ihre Selbstentfaltung, zu vernachlässigen und ihr Leben, ihre Kräfte ungewollt im Interesse des populären Geschmacks zu verschwenden. Ist das, was man reine Literatur nennt, mit dem Existenzkampf dieses Jahrhunderts womöglich nicht vereinbar und zum Untergang verurteilt? Werden in einer Welt, die in jeder Hinsicht nur auf materiellen Fortschritt setzt, aus Liebe, Traum und Mysterium entsprungene zarte Gedichte keinen Platz mehr haben?

Nach erneuter Überlegung rufe ich deutlich: «Nein!!» Solche unnötigen Zukunftssorgen sind wie der Schatten eines alten Denkmusters, der mich streifte, als mir gerade für einen Augenblick das Bewusstsein abhandengekommen war, eine Frau der Gegenwart zu sein. Tapfere Leute, die in der Gegenwart leben wollen, müssen in dieser Gegenwart siegreich bestehen. Du sollst nicht vor der Menge davonlaufen! Handle wie Zarathustra: Begib dich hinein in die Menge! Auch wenn sie den Übermenschen nicht zu fassen vermag, schleiche dich wenigstens ein in die Menge![4] Das gebietet dir deine Weisheit! Damit gewinne ich meinen Mut zurück und raffe mich auf, beharrlich, soweit meine Kräfte reichen, in alle möglichen Richtungen hin meinen Pinsel walten zu lassen. Reine Literatur der überlieferten Art kann es heutzutage kaum mehr geben. Wir müssen vom gegenwärtigen «Ich» ausgehend eine Literatur mit neuen Denkweisen, in einem neuen Stil hervorbringen. Es liegt auf der Hand, dass wir heute eine dem eigenen Wesen angemessene Arbeit – das heißt literarische Produktion – zur Grundlage unseres Lebensunterhalts machen müssen. Dies in Zweifel zu ziehen hieße, dass Literatur für immer ein hohles Produkt aus früheren Zeiten bleibt – «mit Kirschblüten bekränzt / auch heute spielend»[5].

Jemand hat einmal gesagt, man müsse in einer Zeit wie der heutigen zwei, drei Leben gleichzeitig führen. Damit meinte er, man solle ein Leben mit aufgesetzter Maske führen und sich damit abfinden, auch ohne Herzblut zu schreiben, um sich im Alltag durchzuschlagen. Aber auch, man solle die Literatur als Berufung zuoberst stellen und den Lebensunterhalt durch andere Tätigkeiten absichern, wie das viele zweit- oder drittrangige Künstler im Westen tun, die hauptberuflich als Anwälte, Ärzte, Bankangestellte oder Beamte arbeiten. Das ist ein wohlfeiler Rat! Wenn andere das so halten wollen, habe ich absolut nichts dagegen. Und es gibt ja wirklich nicht wenige junge Leute, die die Literatur im Auge haben, aber hauptsächlich journalistisch für Zeitungen und Zeitschriften tätig sind. Ich denke, das ist eine durchaus achtenswerte Einstellung. Aber was mich betrifft, widerstrebt es mir einfach von meinem Naturell her, mich zu maskieren. Ich hasse es, ohne Herzblut zu schreiben. Dieser Widerspruch hat mich während der letzten zwei, drei Jahren insgeheim umgetrieben.

In meiner gegenwärtigen Gemütslage halte ich mich an das Folgende und bewahre so mein inneres Gleichgewicht: An ein zweifaches, dreifaches Leben zu denken wäre für mich unbefriedigend und Anlass zur Unruhe. Was immer ich anpacke, für mich kommt nur ein simples, eindimensionales Leben in Frage. Auch in nur einer einzigen Dimension ist eine vielfältige, abwechslungsreiche Lebensweise möglich – davon jedenfalls gehe ich aus. So möchte ich selbstverständlich dann, wenn ich spontan aus mir selbst heraus etwas schaffe, aber auch wenn ich passiv, von anderer Seite aufgefordert, zum Pinsel greife, alles aufbieten, was meine Begabung hergibt, und hier wie dort dem Ergebnis meinen der Sache angemessenen «Ich»-Stempel aufdrücken. Das reine lyrische Gedicht hüte ich zwar wie den eigenen Augapfel, aber die Zeit, da es von der Menge gekauft wird, liegt in ferner Zukunft, die ich selbst nicht erleben werde. Für mich drücken Hände, Mund und Füße gleichermaßen substanziell mein Ich aus – ich überlasse das Urteil dem jeweiligen Publikum. Ich hoffe, dass es in allen meinen Schriften absolut nichts Unechtes, Unwahres gibt. Nicht nur meine Schriftstellerei, auch das Zusammenleben mit meinem Mann, die Erziehung der Kinder, alle Bereiche, die mit mir zu tun haben, sind Kategorien meiner Lebenswirklichkeit.

Selbst die Klage, ich lebte unter ständigem Arbeitsdruck, ist in Wahrheit anmaßender Luxus. Ich schaffe es trotz fehlender Zeit, pro Jahr ein-, zweimal auf Reisen zu gehen. Einen Tag und eine Nacht in einem Thermalbad – und man fühlt sich wie von Fesseln befreit, körperlich und geistig erlöst. Doch schon nach zwei, drei Tagen habe ich genug vom ländlichen Nichtstun und wünsche mich sehnlichst zurück in die Stadt mit ihren Verpflichtungen. Das leere Gefühl des Müßiggangs versetzt mich in eine trübe Stimmung, und ich verstehe, dass Leute mit empfindlichen, angespannten Nerven, besonders Frauen meines Schlages, die sich schnell einsam fühlen, das Landleben mit dem tagein, tagaus gleichen Ausblick auf die Natur nur schwer ertragen. Da kommt einem das hektische Stadtleben eben doch besser zustatten, selbst wenn man ständig von beruflichen Anforderungen bedrängt wird und kaum einen Blick rechts oder links werfen kann. Wie bedrückend – und zugleich welche Freude! Hätte ich in der Stadt keinen Beruf, wäre ich wohl noch um ein Vielfaches einsamer als auf dem Land. So betrachtet ist die Hektik ein Glück!

Die Literatur ist heutzutage zum Beruf geworden, doch ob man ihn jemandem empfehlen soll, ist eine andere Frage. Ich möchte jedenfalls meinen eigenen Kindern nicht dazu raten. In den meisten anderen Berufen findet sich jeder halbwegs gebildete Mensch irgendwie zurecht, sofern er dem ursprünglichen Denkansatz und den Gewohnheiten seiner Vorgänger folgt. Für die

Kunst (des Schreibens) aber trifft das nicht zu. Hier geht es um den reinsten Ausdruck der Persönlichkeit, und es gibt nichts Erbärmlicheres als die Existenz eines unbegabten, oberflächlichen Künstlers. Nach außen hin lässt sich das vielleicht überspielen, aber die innere Qual des Betroffenen dürfte kaum zu übersehen sein. Selbst bei einer einigermaßen talentierten Person kommt es vor, dass ihre spontanen geistigen Quellen zeitweise versiegen. Sie muss dies immer wieder durch Übung und Studium wettmachen, was nicht leicht ist für jemanden, der dem Geld nachjagen muss, um seinen Lebensunterhalt zu bestreiten. Außerdem lässt sich in egal welchem Gesellschaftssystem die heftige Konkurrenzsituation zwischen Kollegen nicht vermeiden; und dann ist da auch noch etwas so Furchteinflößendes wie die öffentliche Reputation. Wer einen schwachen Willen oder einfach Pech hat, kann aufgrund der Reputation für immer in der Versenkung verschwinden. Zeigt jemand nicht schon aus innerem Antrieb eine ungewöhnliche Liebe zur Literatur, kann ich ihm, selbst wenn es sich um mein eigenes Kind handeln sollte, diesen Weg nicht empfehlen. Andererseits käme es mir nie in den Sinn, deswegen jener barbarischen Erziehungsmethode zuzustimmen, die jungen Leuten die Literatur ganz verbieten will. Mein Wunsch wäre es vielmehr, dass in allen Familien Kinder von klein auf Gelegenheit haben, Gelehrsamkeit und Künste zusammen mit frischer Luft einzuatmen.

(Januar 1912)

1 Das *Genji monogatari* wurde zu Beginn des 11. Jahrhunderts von der Hofdame Murasaki Shikibu verfasst. Es ist das bedeutendste erzählende Werk der klassischen jap. Literatur und wird aufgrund seines Umfangs und der psychologischen Durchgestaltung seiner Figuren als erster echter Roman der Weltliteratur bezeichnet. Deutsche Ausgabe: Murasaki Shikibu. *Die Geschichte vom Prinzen Genji.* Übersetzt von Oscar Benl. Ergänzende Bemerkungen zur Neuauflage von Eduard Klopfenstein. 2 Bde. Manesse Verlag, Zürich 2014.

2 Das *Makura no sōshi* wurde von der Hofdame Sei Shōnagon um das Jahr 1000 verfasst. Es handelt sich um essayistische Aufzeichnungen, die ein für die jap. Tradition typisches, bis heute nachwirkendes Literaturgenre begründeten. Deutsche Ausgabe: Sei Shōnagon. *Kopfkissenbuch.* Erstmals vollständig aus dem Japanischen übersetzt von Michael Stein. Manesse Verlag, Zürich 2015.

3 Die Autorin denkt hier ohne Zweifel an den nur ein Jahr zurückliegenden sogenannten Hochverratsprozess gegen die Anarchistengruppe um Kōtoku Shūsui, in dessen Gefolge am 24. und 25. 1. 1911 auch offensichtlich unbeteiligte Literaten und Aktivisten verurteilt und hingerichtet wurden. Vgl. den nachstehenden Essay *Aufzeichnungen aus dem Wochenbett* und den Fall des dort erwähnten Arztes und Dichters Ōishi Seinosuke.

4 Die erste, in klassischer Schriftsprache abgefasste Übertragung von Nietzsches *Also sprach Zarathustra* erschien, mit einem Vorwort von Mori Ōgai versehen, im Jahr 1911. Der Übersetzer Ikuta Chōkō lebte in der Nachbarschaft des Hauses Yosano. Akiko war von dem Werk wie von der Übersetzung offensichtlich beeindruckt. Ein Gedicht mit dem Titel *Nach der Lektüre* sowie einige Tanka zeugen davon. Die vorliegende Stelle nimmt auf die Vorrede des *Zarathustra* Bezug, ist aber kein Zitat, sondern eine auf sich selbst bezogene Ausdeutung der Autorin.

5 Poetische Formel in Anspielung auf einen Vers des Manyōshū-Dichters Yamabe no Akahito (8. Jh.), überliefert in der klassischen Gedichtsammlung *Shinkokin-shū* als Nr. 104.

Aufzeichnungen aus dem Wochenbett

Ich liege noch immer im Entbindungszimmer des Krankenhauses Gegen Abend wird hier drinnen der Gasofen angefacht. Doch solange die Sonne scheint, ist es warm. Denn ein schöner Tag folgt auf den anderen. Zudem ist dieses Zimmer nach Süden ausgerichtet und die Veranda mit Glasschiebetüren abgeschlossen, sodass man sich nicht vor dem Wind in Acht nehmen muss, selbst wenn die mit Papier bespannten Shōji-Schiebefester teilweise offen stehen. Zwar blenden einen die Sonnenstrahlen, aber die Krankenschwester stellt dann jeweils einen kleinen Faltschirm schräg gegen die Shōji. Auf den noch neuen, duftenden Tatami steht auf einem Tischchen eine Glasvase mit Schnittblumen aus den Gewächshäusern des Botanischen Gartens Myōkaen, und etwa zehn Zeitschriften, die jüngsten Ausgaben dieses Monats, sind nebeneinander aufgereiht. Sonst liegt überhaupt nichts herum. Ein wohlgeordnetes, sauberes und ruhiges Zimmer!

Die Pflegerin hält sich im Nebenzimmer auf. Da gibt es offenbar ein Kohlenbecken, Teeutensilien, einen Handtuchständer, Wandschränke für allerhand Gerätschaften des täglichen Gebrauchs sowie einen Behälter für das Essgeschirr. Alle Besucher legen dort ihre Hüte, Überwürfe und Mäntel ab. Wenn sie vor mir erscheinen, haben sie sämtliche derartigen Hüllen zurückgelassen. Nur wenige treten in prächtiger, formeller Tracht auf, in Haori und Hakama. Die übrigen tragen Alltagsgewänder und kommen herein, ohne sich irgendwie in Szene zu setzen. Auch vermeiden sie langatmige Besucherfloskeln. Meist sagen sie nur so etwas wie: «*Okusan* – gnädige Frau, wie geht's?» und beginnen gleich mit Geschichten um das kaiserliche Theater oder lassen sich über neu erschienene Romane und dergleichen aus – um sich bald darauf wieder zu verabschieden. Die offenherzige, warme Vertraulichkeit und Freundschaft dieser Menschen, die sich nicht um Formalitäten kümmern, bereiten mir große Freude.

Das sind alles Leute, die ihr Leben nicht einfach nur in einem eng begrenzten Bekanntenkreis zubringen. Und es sind auch keine Leute, die sich in einer Zeit wie der unseren, da man allein von der Kunst leben kann, bequem eingerichtet haben. Kaum haben sie sich wieder ins Nebenzimmer zurückgezogen, setzen sie sich Studentenhüte auf, andere schlüpfen in Mäntel mit Fischotterpelzkragen, und wieder andere klemmen sich ein Bündel mit Notizen für ihre Anwaltsprüfung unter den Arm und machen sich so auf den Heimweg.

Sie treten aus dem Tor dieses Krankenhauses und mischen sich unter die Menge gewöhnlicher Leute. Ich kann sie in meiner Lage zwar nicht draußen verabschieden, aber ich kann mir im Großen und Ganzen vorstellen, mit welcher Verhüllung gewappnet ein jeder meiner Freunde aus dem Tor hinaustritt und sein gesellschaftlich «maskiertes» Leben fortsetzt. Da es Leute sind, die sich nicht für die Armee eignen, werden sie vom Vaterland wohl nicht überaus hoch eingeschätzt. Wenn mir solches durch den Kopf geht, muss ich unwillkürlich lächeln.

Vor dem Nebenzimmer zieht sich der Korridor hin – ein langer Korridor von vierundzwanzig oder fünfundzwanzig *ken*[1] der sich vom Eingang bis hierhin zwei-, dreimal um Ecken windet und zu Krankenzimmern führt, die ans hügelige Gelände angepasst errichtet wurden. Das heißt, es geht überdies zwei-, dreimal steil hinauf und hinunter. Alle Personen, die ihn passieren, bemühen sich, ihre Haussandalen behutsam aufzusetzen. Denn dieser Ort hat eine Abneigung gegen alles, was tönt. Mancherorts kleben Zettel mit der Aufschrift: «Bitte leise auftreten!» Und vor gewissen Krankenzimmern soll sogar in hartem sinojapanischem Stil zu lesen sein: «In Anbetracht schwerkranker Patienten gebe man ganz besonders acht, jegliches laute Auftreten zu vermeiden!»

Ich allerdings, die ich in meinem Zimmer darniederliege, lechze geradezu – mehr als nach etwas anderem –

nach solchen besonders verabscheuten «Tönen». Das Weltall wie das menschliche Leben, alles setzt sich objektiv gesehen aus einer komplexen Anhäufung von Linien, Farben und Lauten zusammen. Man darf mit Fug und Recht behaupten, dass alle Menschen, die sich mit Wissenschaft und Kunst befassen, diese komplexe, sowohl zartgliedrige als auch erhabene Harmonie von Linien, Farben und Klängen lesen und sie der breiten Menge verständlich vor Augen führen können. Ich bin von Haus aus keine solche herausragende Künstlerin, und besonders jetzt, da ich auf das Abklingen der Geburtsstrapazen warte, nichts weiter als «einfach eine Frau», deren Blicke über die Zimmerdecke schweifen. Dennoch empfinde ich die in diesem Krankenzimmer sichtbaren Linien und Farben als allzu armselig. Was die «Töne» betrifft, beschränken sie sich auf den Klang des Eisenkessels mit kochendem Wasser im Nebenzimmer, auf «Töne» vom langgezogenen Waschplatz seitlich des Korridors, wo die Krankenschwestern und Ärzte gelegentlich an den Wasserhähnen schrauben und die Hände waschen, dann noch auf die Stimmen, die sich irgendwo unterhalten, und auf die Schläge der Uhr, die aus dem gemeinsamen Aufenthaltsraum des Personals herüberdringen. Selbst für mich, die ich mir immer wünschte, in einem ruhigen Haus zu wohnen, ist diese Eintönigkeit zu viel. Bis vor zwei, drei Tagen habe ich immer ungeduldig auf das Schlagen der Uhr gewartet. Jetzt bin ich nur noch enttäuscht, wenn ich denke, es sei bald Mitternacht, und dabei schlägt es erst neun Uhr. Besser wäre es, diese heimtückischen Laute nicht zu vernehmen. Ich spitze die Ohren und versuche, irgendwelche neuartigen «Töne» ausfindig zu machen. Aber nichts dergleichen; es ist eine Qual.

Hie und da nähern sich von weit vorn im Korridor leise Tritte von Haussandalen. Wenn sie vor dem eigenen Nebenzimmer anhalten, kann ich mich des Herzklopfens nicht erwehren. Wenn sie aber vorübergehen und sich als Besuch eines anderen Krankenzimmers entpuppen, ist das ein elendes Gefühl. Der Mensch hat eine Abneigung gegen die Isolation. Er scheint von Natur aus auf Mitgefühl angewiesen zu sein.

Mein ältester Sohn, der täglich auf dem Heimweg von der Schule vorbeischaut, stapft immer laut durch den Korridor, man mag ihn noch so oft ermahnen. Trotz meiner Bedenken hebt sich sogleich meine Stimmung, wenn ich dieses kindliche Aufstampfen höre. Mein Mann, der mich abends besuchen kommt, bleibt jeweils leise im Korridor stehen und schnippt zweimal mit der Fingerspitze leicht gegen die Shōji am Eingang des Nebenzimmers. Er macht so die Leute drinnen auf sich aufmerksam und tritt dann ein. Dieses leise, ruhige Fingerzeichen hört sich für mich an wie das Signal eines Mannes, der auf heimlichen Liebespfaden wandelt. In diesem Augenblick habe ich das Gefühl, erst jetzt eine vor zehn Jahren versäumte jugendliche Liebeserfahrung nachzuholen.

Die Krankenschwester ist eine schweigsame Person mit tadellosen Manieren. Wenn sie etwas sagt, spricht sie die Wortendungen ganz deutlich aus, mit einer hellen Stimme, als ob sich dünne Silberstreifen berührten. Ihre Gewohnheit, Gefühle nicht am Gesichtsausdruck erkennbar zu machen, und ihr fester Wille zeugen von einer Art, wie man sie oft bei Frauen aus der Yamaguchi-Präfektur beobachten kann. Ich sehe mich gehalten, ihr gegenüber mehr Rücksichten zu nehmen als gegenüber dem leitenden Arzt des Krankenhauses.

Bisher pflegte ich nach jeder Geburt etwa ab dem fünften Tag wieder den Pinsel in die Hand zu nehmen. Doch diesmal machte es mein Gesundheitszustand notwendig, ins Krankenhaus zu gehen, und auch jetzt noch verspüre ich eine ungewöhnliche Müdigkeit. Zudem habe ich Herzbeschwerden und ein bisschen Fieber. Zwar denke ich nicht daran, zum Pinsel zu greifen. Aber wenn ich so unbeweglich daliege, kommen mir die unterschiedlichsten Hirngespinste in den Sinn, und wenn ich versuche, das alles im Sinne der Zen-Meditation in den Griff zu bekommen, wird es nur noch schlimmer.

Deshalb lasse ich die Wahnvorstellungen einfach kommen und gehen, wie sie wollen. Auf diese Weise sind auch zwei Erzählungen entstanden. Die eine hat schon zwanzig Fortsetzungen und ist noch nicht zu Ende. Beide präge ich mir gut ein, um sie nicht zu vergessen. Nur was in der Form eines Tanka auftaucht, lasse ich in Augenblicken, da die Krankenschwester abwesend ist, von meinem Mann mit Bleistift aufschreiben und Zeitungen oder Magazinen zuschicken, mit denen ich Abmachungen habe. Wenigstens die Zeitschriften, die ich hier zur Hand habe, möchte ich lesen. Aus Scheu vor der Krankenschwester, die die Anweisungen des Chefarzts strikt umsetzt, genieße ich allerdings nur die Fotobeiträge der Frauenzeitschriften und der *Mitsukoshi Times*. Ich denke, eine solche willensstarke Krankenpflegerin zur Seite zu haben ist für die Patienten wahrhaftig von großem Vorteil.

Sieben, acht Tage lang, zur Hälfte vor und zur Hälfte nach der Geburt, habe ich absolut keinen Schlaf gefunden. Während zweier Nächte vor der Niederkunft quälte mich, wenn ich mich hinlegte, das Gefühl, etwas in der Form eines Flugzeugs bewege sich vom Bauch gegen die Brust herauf. Mein Atem ging schwer, als müsste ich ersticken. Aufrecht sitzend stöhnte ich und wartete darauf, dass sich der Spalt an der Tür endlich aufhellte. Verglichen mit meiner ersten Zwillingsgeburt waren diesmal die Beschwerden vom dritten Monat an deutlich anders. Doktor Morimune teilte mir mit, das oben liegende Kind befinde sich in einer schlechten Position. Das war das Kind, welches mir die Vorstellung von der Form eines Flugzeugs aufdrängte. Meine Nieren entzündeten sich, und die ödematösen Schwellungen verbreiteten sich im ganzen Körper. Das Atemholen wurde mit jedem Tag mühsamer, und ich konnte weder stehen noch liegen. Ich hatte mich bereits damit abgefunden, dass mich das Flugzeug diesmal umbringen würde, als ich hier in das Krankenhaus des Doktor Sakaki eingeliefert wurde.

Lebend
kehr ich wohl nicht zurück
besteige den Wagen ...
Einer Richtstätte ähnlich
das Krankenhaustor

Das entsprach meinen tatsächlichen Empfindungen.

Anfang Februar setzten einmal die Wehen ein. Die Hebamme und die Krankenschwester eilten herbei. Trotz der Aufregung die ganze Nacht hindurch, in der Doktor Morimune sogar gebeten wurde, bei uns zu Hause zu übernachten, beruhigte sich die Lage wieder. Schon bei der vorangehenden Geburt war es dasselbe gewesen, und die Niederkunft erfolgte erst einen Monat später. Ich fürchtete, dies könnte sich zur Gewohnheit entwickeln und die Geburt erst im März stattfinden, dann würde mein Körper einen solchen Aufschub kaum überstehen. Die beiden Ärzte Morimune und Sakaki waren der Meinung, man müsse die Geburt künstlich einleiten. Mein Mann wie auch Leute aus der Verwandtschaft drangen darauf, dass wenigstens das Leben der Mutter gerettet werde, was auch immer mit den Kindern geschehe. Ich dachte ebenso. Und zwar nicht etwa aus Furcht vor dem Tod. Nur die Schmerzen beim Sterben flößten mir in einem gewissen

Grade Angst ein. Da ich schon mehrere Male die Strapazen einer Geburt durchlebt hatte, war ich auch frei von der Erregung eines Kriegers, der zum ersten Mal in die Schlacht zieht. Ebenfalls keine Rolle spielte das naive Verlangen, am Leben zu bleiben, um dem eigenen Land einen weiteren, wenn auch noch so kleinen Dienst zu erweisen, oder gesellschaftliche Anerkennung zu erlangen. Mein Lebenswille ließ sich kurz gesagt auf den Wunsch zurückführen, noch eine Weile für meinen Mann und die bisher geborenen Kinder da zu sein. In dieser extremen Situation bestand das, was das «Ich» ausmacht, nur noch aus Mann und Kindern. Normalerweise, mit Gleichmut bedacht, käme man ja wohl zu dem Schluss, dass Mann und Kinder sehr wohl weiterleben könnten, auch wenn man selbst nicht mehr da ist. Aber in diesem Fall hatte ich das Gefühl, dass im Augenblick des eigenen Todes auch Mann und Kinder in ein Nichts verwandelt würden. Die Menschen sind in jeder Beziehung ichzentriert. Wurzelt nicht die Größe der Zen-Adepten in der Todesstunde vor allem darin, dass sie sich von allen Beziehungen frei gemacht haben?

Unruhe ergriff mich bei solchen Gedanken schon zehn Tage vor der Niederkunft, der Körper wurde von Schmerzen gepeinigt, und die Nerven waren in beispielloser Weise angespannt.

Es heißt, Geburten gingen beim zweiten, dritten Mal vergleichsweise leicht vonstatten, aber je mehr Geburten danach folgten, desto eher seien sie wie beim ersten Mal wieder von Schmerzen begleitet. Das dürfte gewiss auch von der Konstitution der Gebärenden abhängen. Doch nach meinen Erfahrungen trifft es tatsächlich zu. Schon die vorangehende Geburt war schwer, aber diesmal verlief sie noch schwerer. Nicht nur die Geburt selbst, sondern auch die Zeiten davor und danach waren von Schmerzen erfüllt. Glücklicherweise ging es ohne operativen Eingriff ab. Am 22. Februar um drei Uhr morgens setzten wieder auf natürliche Weise die Wehen ein, und mit dem Beistand des Chefarzts Sakaki konnte ich gebären. Bis dahin habe ich noch nie die Erfahrung gemacht, einem Krankenhaus zur Last zu fallen. Aber eine Geburt in der Klinik ist, wenn es die finanziellen Verhältnisse erlauben, in jeder Hinsicht von Vorteil. Nichts ist so beruhigend für die Gebärende, wie wenn der Chefarzt ihr freundlich den Puls misst und Hebamme und Krankenschwester mit jeglicher Unterstützung zur Hand sind.

Die Schmerzen bei der Geburt allerdings sind deshalb nicht geringer, im Gegenteil, sie waren heftiger als früher.

Zum Dämon gewandelt
winde ich mich in Schmerzen
zum wilden Eber geworden –
nicht ohne Gebrüll und Heulen
kommt der Mensch in die Welt!

Die Schlangenmutter
mit aufgerissenem Leib
vom Schlangenkind …
Unter teilnahmslosen
kalten Blicken der «Zeit»!

So dachte ich und konnte nichts anderes tun als schreien und stöhnen. Die Geburt des ersten Kindes ging leichter als gedacht vonstatten. Aber das besagte «Flugzeug» quälte mich kreuz und quer. Als der Doktor mit ruhiger Stimme flüsterte: «Operieren wir!», da fühlte ich mich, zur Säule erstarrt, wie am schneeweißen Abgrund des Todes.

Das verkehrt gelegene Flugzeugkind kam tot zur Welt. Später habe ich gehört, der Chefarzt habe sogleich die künstliche Beatmung eingeleitet, aber ohne Erfolg.

Mitten in den Qualen
der Mutter deren Knochen
zu brechen scheinen
lautes kräftiges Schreien
des Neugeborenen

Das Kind im Leib
beißt seine Mutter
sooft ganz leise
ein schweigsamer Teufel
die Hand hebt

Das schwache Kind –
entkräftet stirbt es
in der Höhle des Leibs
gegen die Mutter kämpfend
gegen die Schwester kämpfend

Wie erbärmlich!
Die halbtote Mutter und das Kind
das nicht atmet
liegen nebeneinander –
Düsternis über dem Bett

Auch nach der Niederkunft hielten die Schmerzen noch während eines ganzen Tages und einer Nacht in beispielloser Heftigkeit an. Diese Heftigkeit sei ein gutes Zeichen für das Zusammenziehen der Gebärmutter, hieß es zwar; aber es kam mir vor, wie wenn sich das Teufelskind mit seinen Fingernägeln in meinem Bauch festgekrallt hätte. Es gelang mir nicht, meinen blinden Zorn zu überwinden, dass mich dieses Kind selbst über die Geburt hinaus noch quälen sollte. In einem solchen Fall vermag das, was man Liebe zwischen Mutter und Kind nennt, nicht aufzukeimen. Wahrlich seltsam, wenn man's bedenkt.

Im Nebenzimmer schlugen der jüngere Bruder meines Mannes und Herr Wakai von der Zeitschrift *Subaru* Nägel in den Sarg für das Totgeborene, darum bemüht, keinen Lärm zu machen. Mein Mann fragte mich: «Möchtest du nicht wenigstens einen Blick auf das Kind werfen? Es ist so schön wie keines bisher.» Aber ich mochte es nicht sehen. Die heftigen Nachwehen und die Erschöpfung ließen mir einfach nicht die Kraft, noch über das tote Kind nachzudenken.

Lebenstausch
zwischen einem Kind
und seiner Mutter …
Kiste aus Holz
als kostbares Gefäß

Das Nichts gebären
den Tod gebären
Gewaltige Dinge
… höre davon an der Grenze
von Traum und Wirklichkeit

Tatsächlich habe ich in diesem Fall die Totgeburt meines Kindes nur so wahrgenommen, als wäre etwa eine Schüssel oder Reisschale zu Boden gefallen und zerbrochen.

Als mein kinderlieber jüngerer Bruder, der den Sarg bis zur Einäscherungsstätte von Kirigaya begleitet hatte, mit feuchten Augen sagte: «Es war ja ein so herziges Kind, wirklich schade!», kamen auch mir zum ersten Mal die Tränen. Aber ich weinte nicht um das tote Kind, sondern ließ mich nur von den schönen Tränen des Kinder liebenden Bruders anstecken.

Als die Nachwehen endlich nachließen, versuchte ich mich in Schlummer zu wiegen. Doch kaum tat ich die Augen zu, überfielen mich alle möglichen scheußlichen Trugbilder. So stand etwa der Sarg des zu Jahresbeginn wegen Hochverrats hingerichteten Ōishi Seinosuke[2] – obwohl ich ihn gar nie persönlich getroffen hatte – plötzlich neben meinem Kopfkissen. Wenn ich die Augen öffnete, war alles gleich wieder verschwunden. Mein völlig erschöpfter Körper verlangte gebieterisch nach Schlaf. Doch wenn ich mit Gewalt die Augen schloss, versuchte ein Wesen, ähnlich dem verstorbenen Kind, unablässig mit schmalen Fingerchen meine Augendeckel zu heben. Notgedrungen musste ich mich in Geduld fassen und noch einmal einen Tag und eine Nacht offenen Auges zubringen. Es war das erste Mal, dass ich von solchen widerwärtigen Halluzinationen heimgesucht wurde – ein außergewöhnlicher Erschöpfungszustand.

Nun nähert sich diese Krisenzeit nach der Entbindung allmählich ihrem Ende, die Krankheitssymptome nehmen ab, und es scheint, dass sowohl mein Körper wie mein Gemütszustand nach und nach zur Normalität zurückfinden. Seit gestern erlaubt man mir, ein paar Schritte im Zimmer umherzugehen, und ich darf auch wieder Schriftzeichen aufs Papier setzen, falls es nur etwas Kurzes ist. Heute, nach dem Abklingen der Geburtsschmerzen, bleibt in mir nichts übrig von dem toten Kind, das verschwunden ist, ohne dass ich es gesehen hätte – fast so, als handle es sich um eine Angelegenheit, die mich nicht betrifft. Nichts als Weiße, nichts als Leere! Nur wenn ich im Schrank des Nebenzimmers das rote Kissen und die Kleidchen entdecke, die ich für dieses Kind bereitgelegt hatte und die nun überflüssig geworden sind, wallt eine halbherzige, flüchtige Trauer in mir auf. Also war es doch nicht der Abschied von einem völlig fremden Wesen, sondern eine Art Einsamkeitsgefühl der im Stich gelassenen Mutter – könnte man sagen.

Soeben hat die Krankenschwester eine verwelkte Vanilleblume aus der gläsernen Vase entfernt und ist hinausgegangen, um sie zu entsorgen.

Ich möchte schnell wieder nach Hause, ins laute Naka-Rokuban-Quartier.

Es ist komisch, dass es unter den Männern, die über Frauenfragen theoretisieren, einige gibt, welche die körperliche Konstitution der Frau von allem Anfang an für schwach halten. Solche Leute möchte ich gern einmal fragen, ob denn die männliche Konstitution wohl die Qualen einer Geburt aushalten würde. Ich habe nun die sechste Niederkunft hinter mir, habe acht Kinder geboren und sieben neue Menschen zur Welt gebracht. Würden Männer so viele Schmerzen wiederholt auf sich nehmen? Oder wären durchschnittliche Männer zumindest fähig, so viel Geduld aufzubringen und wie ich mehr als eine Woche Schlaflosigkeit durchzuhalten?

Gewiss kann man sagen, der weibliche Körper sei üppig weich und schön. Aber ist es nicht etwas voreilig, aus diesem Anblick zu schließen, er sei schwach und zerbrechlich? Und dann aufgrund dieser Einschätzung auch noch schnurstracks zu folgern, die Frau müsse dem Mann untergeordnet sein – ist das nicht eine beschämende Selbstdisqualifizierung derjenigen, die das behaupten?

Ich schmähe die Männer!
In Muße verbringen sie
ihre Zeit
ohne Kinder zu gebären
ohne ihr Leben zu riskieren!

Ich verabscheue den «Weg des Kriegers», diese alte barbarische Tradition. Der «Weg der Frau»[3] aber strahlt in ewigem Glanz, da er alles hergibt, um neue menschliche Wesen hervorzubringen. Im Gegensatz zu jenem «Barbarischen Weg», der während sieben, acht Jahrhunderten das Fundament einer gewalttätigen Kriegerkaste bildete und sowohl das Kaiserhaus als auch das Volk drangsalierte, entspringt das wahre Glück der Menschheit aus diesem «Weg der Frau», denke ich. Das sind nicht die leeren Worthülsen einer unfruchtbaren Frau. Ich schreibe dies mit dem eigenen Blut, das acht Kinder durch die Geburt rituell reinigte – Kinder, die meinen Leib fast zum Zerreißen brachten.

Es gibt Leute, die den Japanerinnen anraten, sie sollten nach dem Beispiel europäischer Frauen auf die Ehe verzichten – ein schrecklich voreilige Unbesonnenheit! Alle Japanerinnen wünschen sich eine glückliche Heirat und bereiten sich darauf vor, starke Nachkommen zu gebären.

(April 1911)

1 1 ken = 1,82 m. 25 ken entsprechen also 45,5 m.

2 Ōishi Seinosuke (29.11.1867–24.1.1911). Idealistischer Arzt, Dichter und sozialistischer Aktivist. Wurde in den Hochverratsprozess gegen die Anarchistengruppe um Kōtoku Shūsui verwickelt und hingerichtet. Yosano Tekkan stand in Kontakt mit ihm. Siehe: Cronin, Joseph. *The Life of Seinosuke: Dr. Oishi and the High Treason Incident*. Kyōto: White Tiger Press, 2007/2014.

3 Yosano Akiko stellt hier dem allbekannten Begriff *Bushidō* (Weg der Krieger/Weg der Samurai) in provokativer Absicht den etwas weniger gebräuchlichen Begriff *Fudō* (Weg der Frau) gegenüber. Der Begriff bezog sich auf die Verhaltensweisen und häuslichen Tugenden der Frau in der traditionellen Gesellschaft. Die Autorin weitet seine Bedeutung dagegen gewaltig aus und macht ihn zu einem Leitbegriff für den feministischen Aufbruch.

II.

Beziehung der Geschlechter/ Stellung der Frau

Männer und Frauen

Wer es als eine quasi feststehende Tatsache betrachtet, dass der Mann von Natur aus der Frau überlegen beziehungsweise die Frau dem Mann unterlegen sei, schätzt den Mann allzu hoch ein und wertet die Frau allzu sehr ab. Vergleicht man Männer untereinander, zeigt sich alsbald, dass viele in Bezug auf Wissen, inneren Reichtum und Willenskraft nicht an durchschnittliche Frauen heranreichen. Es gibt Männer, die es sich gefallen lassen, von Frauen herumkommandiert zu werden. Es gibt solche, die Lügen auftischen, wie es sich eine Frau kaum erdreisten würde, die Schlechtigkeiten begehen, wie sie einer Frau kaum im Traum einfallen würden. Männer sind es, die im Umkreis der Beamtenschaft, im Erziehungswesen und in der Geschäftswelt Bestechungsgelder annehmen, die auch jetzt noch Kriege planen oder ihr Vermögen bei Prostituierten verjubeln. Es gibt viele ungebildete, unfähige Männer, Männer ohne gesunden Menschenverstand, von Aberglauben besessene Männer, Männer, denen jegliche Lebenstüchtigkeit abgeht, arbeitsscheue Müßiggänger, Feiglinge und Schwächlinge, die jede Anstrengung vermeiden. Frauen fallen den Männern zur Last, heißt es; schaut man aber, wie es Menschen, die aus der Gesellschaft ausgestoßen wurden, gelingt, sich in dieser Notlage allein zurechtzufinden, so sind darunter die Frauen in der Mehrzahl – sieht man einmal von Kranken und Behinderten ab. Unter den Männern finden sich unerwartet viele kleinmütige Individuen, besonders unter den Witwern über vierzig, während sich Witwen im Ganzen gesehen tüchtig durchs Leben schlagen; und dass Häftlinge oder am Wegrand umgekommene Landstreicher vor allem Männer sind, ist ein allgemein bekanntes Faktum. Manche Väter kümmern sich absolut nicht um die Erziehung der Kinder. Mütter hingegen können sich ein solch kaltherziges Verhalten nicht leisten. Eine besondere Stärke der Frauen liegt doch wohl im Bereich der Moral.

Bei alledem behaupte ich in keiner Weise, die Frauen seien den Männern überlegen. Stärken und Schwächen finden sich in gleichem Maße auf beiden Seiten. Doch wie gut, dass bei einer Gegenüberstellung einzelner Personen klar wird: Von einer Minderwertigkeit der Frauen kann keine Rede sein. Was das Allgemeinwissen angeht, so schneiden die Männer selbstverständlich besser ab – genießen sie doch seit eh und je eine Ausbildung. Da die Frauen größtenteils sich selbst überlassen blieben, so wie sie sind, handelt es sich hier ja wohl um keine Naturgegebenheit. Beim Vergleich eines ungeschliffenen mit einem geschliffenen Edelstein zu behaupten, der erstere sei kein richtiger Edelstein, wäre eine abwegige Folgerung. Man muss den Frauen nur dieselben Bildungsmöglichkeiten geben, dann erreichen sie den gleichen Kenntnisstand wie die Männer – davon bin ich überzeugt. Auch in früheren Zeiten waren Frauen aus gebildeten Ständen selbstverständlich den ungebildeten Männern weit überlegen; und selbst im Vergleich mit gebildeten Männern gab es nicht wenige, die ihnen das Wasser reichen konnten. Die besten Beispiele dafür sind die von Frauen verfassten herausragenden literarischen Werke der Heian-Zeit[1], die bis heute ihren Wert behalten haben. Weil die Frauen einzig und allein in literarischer Hinsicht ausgebildet wurden, traten sie eben – wie etwa Murasaki Shikibu – nur als Literatinnen hervor. Hätte man ihnen dieselbe Art von und dasselbe Ausmaß an Erziehung angedeihen lassen, dann hätten sie in gleicher Weise noch viele andere bis dahin verborgene Fähigkeiten an den Tag gelegt. Das zeigt sich an konkreten Beispielen von progressiven Frauen in Europa, wo nach und nach auch Naturwissenschaftlerinnen ans Licht treten. In dieser Hinsicht mache ich mir nicht die geringsten Sorgen. Ich hoffe nur inständig darauf, dass möglichst bald die Zeit anbricht, da die Frauen unseres Landes dieselbe Ausbildung wie die Männer genießen werden, und die Frauen, über ihre eigene Unwissenheit erschrocken, auch von sich aus einen ebenbürtigen Wissensstand anstreben.

* * *

Es genügt also, wenn in den kommenden vier, fünf Jahrzehnten die Zahl der «neuen Frauen», die sich ihrer Stellung bewusst sind, zunimmt und gleichzeitig die höhere Bildung für Frauen sich ohne Qualitätsverlust ausbreitet und vertieft. Allenthalben müssen sich gebildete, einflussreiche Persönlichkeiten nach Kräften einsetzen, dafür die besten Bedingungen zu schaffen. In letzter Zeit wird über das Für und Wider der Einführung des Frauenstimmrechts diskutiert. Aber das ist eine müßige Auseinandersetzung, die vom Bildungsstand der Frauen unseres Landes her gesehen zu früh kommt. Für die Japaner dürfte es vordringlicher sein, darüber zu debattieren, ob den Männern mit ihrem zurzeit schwachen Selbstbewusstsein das allgemeine Wahlrecht zuzugestehen sei. Nach meiner Vorstellung ist es in Zukunft ohnehin weniger wichtig, nach Männern und Frauen zu unterscheiden – in welcher Gesellschaft wir uns auch bewegen werden. Vielmehr wird sich die Einstufung einzelner Individuen danach richten, wie hoch oder niedrig die Kenntnisse und Fähigkeiten einer Person einzuschätzen sind. In fortgeschrittenen, zivilisierten Ländern scheint dieses Ziel schon zum Greifen nahe. Wenn wir, die japanischen Frauen, die sich unter all den trägen, unbeweglichen Frauen weltweit als besonders phlegmatisch erweisen, uns von jetzt an nicht aufraffen und einen Ruck geben, dann bleibt es uns nicht erspart, für immer der Entwicklung hinterherzuhinken. Allerdings hat die Anzahl jüngerer Frauen, die sich im Klaren darüber sind, auch bei uns in den letzten zwei, drei Jahren stark zugenommen – tatkräftige Personen, die sich nicht aus Nachahmungssucht oder Eitelkeit, sondern aus Selbstachtung, aus ihrem innerstem Wesen heraus, als Individuen wie die Männer den Wissenschaften zuwenden und in allen möglichen Bereichen tätig werden wollen – ein sehr erfreuliches Phänomen! Es ist zu beobachten, wie solche tapferen Personen, ganz unabhängig vom Schulsystem des Erziehungsministeriums und ohne auf Förderung von außen zu warten, im Selbststudium hartnäckig auf ein Ziel hinstreben. Ebenso erfreulich ist es, dass auch aufgeschlossene Eltern und Lehrer der Mädchenschulen sie mehr und mehr darin bestärken. Überdies kommt es dem Selbststudium der Frauen sehr entgegen, dass sich gebildete Männer im Allgemeinen mit der puppenhaften Unterwürfigkeit der «idealen Ehefrau und klugen Mutter» nicht mehr zufriedengeben, dass sie Frauen haben möchten, die ihr eigenes Denken und Fühlen verstehen und nachvollziehen können, und dass sie es begrüßen, wenn Frauen nach dem Abschluss einer höheren Mädchenschule weitere drei bis vier Jahre für solche Bildungsziele aufwenden.

* * *

Wenn jeder Mensch – ausgehend von der Idealvorstellung, dass es bei der Beurteilung einer Person keine Unterscheidung von Mann und Frau braucht –, wenn also jeder Mensch den eigenen Talenten angemessene

Bereiche auswählt und darin tätig wird, dann müssten doch wohl Frauen wie Männer in allen Wissenschaften und in den meisten Berufen in gleicher Weise erfolgreich sein. Dass dies heute nicht der Fall ist, liegt einzig und allein daran, dass den Frauen wegen nicht vorhandener Ausbildung die Voraussetzungen fehlen. Den Intellekt vieler Frauen auf diesen Stand zu heben ist mit gewaltigen Veränderungen verbunden, und dafür sind mindestens vier, fünf Jahrzehnte in Rechnung zu stellen. Aber das Leben ist zu kurz für irgendwelche Rücksichtnahmen! Da es ja um die Frauen selbst und ihr Glück geht, sollen doch solche, die schon heute die Fähigkeiten oder zumindest den Ehrgeiz dazu haben, sich aktiv und mit jeweils passenden Methoden ein höheres Maß an Wissen, Empfindsamkeit und Willensbildung aneignen. Sie sollen dieses höhere Maß zu Hause wie in der Gesellschaft fruchtbar einsetzen und so zunächst einmal selbst unter Beweis stellen, dass Frauen effektiv das gleiche Potenzial haben wie Männer. Natürlich argumentieren jene Leute, welche die Frauen als Anhängsel der Männer wie gehabt schön hübsch in die Küche verbannen möchten, mit besonderen physiologischen Gegebenheiten wie Monatsregel, Schwangerschaft und Niederkunft und dass dies ein gleichwertiges ernsthaftes Studieren und Arbeiten verhindere. Doch das alles dürfte die Aktivitäten von Frauen ja wohl keineswegs besonders beeinträchtigen – insofern es sich nicht um durchschnittliche, im Alten verhaftete Frauen mit wenig Selbstvertrauen handelt. Selbstverständlich, Männer brauchen für dergleichen körperliche Veränderungen keine Zeit aufzuwenden. Doch die Zeit, die Männer neben der Arbeit durchs Jahr hindurch an allerlei müßiggängerische Unternehmungen verschwenden, dürfte die Zeit, die Frauen für ihre physiologischen Bedürfnisse aufwenden, bei Weitem übertreffen. Auch während der Periode oder der Schwangerschaft sind Frauen ja nicht müßig, sondern verrichten mit Sicherheit irgendwelche Arbeiten, verschwenden also sehr wenig Zeit. Wenn so viele Männer mit verdorbenen Sitten es trotz aller Zeitvergeudung fertigbringen, ihre Persönlichkeit durch Erziehung und Selbstwahrnehmung auf ein so hohes Niveau zu heben, dann sollte es ja ohne Zweifel auch den viel zeitbewussteren Frauen möglich sein, eine den Männern ebenbürtige Persönlichkeit zu entfalten, indem sie die ersparte Zeit vermehrt für Selbstbildung und zweckdienliche Arbeit einsetzen.

* * *

Wenn man sich Erzählungen über die Frauen in den Fischerdörfern der Bōsō-Halbinsel und aus Kumano in der Provinz Kii anhört, oder wenn ich an die Bäuerinnen meiner eigenen Heimatregion denke, dann sind auch Frauen durchaus fähig, schwere körperliche Arbeit zu verrichten. Und überhaupt sagt man, dass die Arbeitsenergie und Ausdauer der Frauen länger anhalte. Von den Muscheltaucherinnen in der Provinz Shima heißt es, sie seien fähig, länger im Meer zu tauchen als ihre männlichen Kollegen. Es ist üblich, dass viele Frauen der niederen Stände solche harten Arbeiten verrichten. Wenn auch die Frauen der mittleren Stände sich jetzt ein bisschen aus ihrer täglichen Lethargie zu mehr Aktivität aufraffen würden, dann gäbe es wohl keine Art von Schwerarbeit, wie sie Männer verrichten, der sie nicht ebenfalls gewachsen wären. Das heißt, die Annahme liegt auf der Hand, dass sie durch Erziehung und Übung sowohl in Bezug auf Geisteskraft wie auf körperliche Kraft dasselbe Niveau erreichen können wie die Männer. Wohlgemerkt, ich sage dies nur, um den Argumenten von der natürlichen Unterlegenheit der Frau entgegenzutreten, keineswegs etwa, weil ich Schwerarbeit für Frauen befürworte. Schwerarbeit oder, anders gesagt, rohe Muskelkraft ist ja nichts, was in einem kultivierten Milieu als besonders förderungswürdig erscheint, und wenn man von einem Mann sagt, er sei ein Muskelprotz, so hat das einen leicht abwertenden Beiklang, ist gar mit einer gewissen Scham oder Abneigung verbunden. Umso weniger wünscht man sich dies offensichtlich für eine Frau mit langen schwarzen Haaren und weichen weißen Armen. Gewiss hat es unzivilisierte Zeiten gegeben, da zur Verteidigung des Rechts Muskelkraft (das heißt Kampfkraft) und für die Produktion körperlicher Einsatz nötig waren. Aber in einer zukünftigen Welt, in der Maschinen mit Elektrizitäts- und Gasantrieb entwickelt werden, muss man die Förderung der reinen Körperkraft in einem gewissen Grad zurückfahren. Es genügt meiner Meinung nach, wenn die Frauen an Körpergröße zulegen, wenn sie beim Gehen und Rennen mit den Männern mithalten können und wenn sie sich für die gleichen Bestrebungen und Berufe wie die Männer als tauglich erweisen.

Ich denke, Frauen können jegliche Art von Beruf ergreifen, wenn er zu ihren persönlichen Talenten passt und wenn dies zu ihrem eigenen Leben und zum Leben der Gesellschaft beiträgt. Nicht als «Frau» sollen sie ihn ausüben, sondern als «Mensch». An wirklichen Leistungen und Resultaten soll sich erweisen, dass die Frauen, die bisher in jeder Beziehung als Unterlegene geringgeschätzt wurden, schrittweise ihre wahren Kräfte entwickeln und alle Männertätigkeiten ebenfalls mit Bravour ausüben können. Ich halte es zudem für ein höchst bedeutsames Phänomen, dass Bewegungen für die politischen Rechte der Frau jetzt überall in der Welt an Dynamik gewinnt, und es ist kein Wunder, dass auch in unserem Land Frauen bereits als Abgeordnete, Verwaltungsbeamtinnen, Professorinnen und Anwältinnen wirken. In früheren Zeiten gab es ja nicht wenige Kaiserinnen oder Frauen, die irgendwelche Häuptlings- oder Führungsfunktionen innehatten. Bedauerlicherweise ist bei uns die Zahl der Lehrerinnen, Ärztinnen, Journalistinnen, Sekretärinnen, Beamtinnen, Gefängnisbetreuerinnen und Literatinnen noch sehr gering. Das ist allerdings nicht nur ein Problem der Frauen selbst! Was für eine Blamage, dass der japanische Staat zur Hälfte aus derart beschränkten Frauen bestehen muss! Oh, wie bemitleidenswert sind doch die japanischen Männer, die mit solch unwissenden, unfähigen Gattinnen, Schwestern und Müttern zusammenleben müssen!

Gewisse Wortführer und Rechthaber behaupten, die Frauen liebten es nicht, außerhalb des Hauses zu arbeiten. Das ist reine Voreingenommenheit, basierend auf dem Vorurteil von der Unterlegenheit der Frauen, woraus gefolgert wird, es fehle ihnen die Eignung zur Mitwirkung außerhalb des häuslichen Umkreises – eine Argumentation und Haltung, die weder die Fähigkeiten individueller Frauen je erforscht noch irgendwann versucht hat, solche Fähigkeiten zu fördern und zur Blüte zu bringen. Zudem liegt eine Überbewertung des Verhältnisses Frau – Haus beziehungsweise Familie vor. Diese Leute finden es völlig angemessen, dass Frauen ihre kostbare Lebenszeit einzig und allein dafür aufwenden. Wenn dieser Bereich dermaßen wichtig ist, dann ist man versucht, die Frage zu stellen, warum denn die so viel gescheiteren Männer sich da vollständig heraushalten und sich nicht auch selbst an den Aufgaben der Hausfrauen beteiligen. Tief in ihrem Inneren empfinden sie kaum eine Wertschätzung für Haus und Familie; sie denken, es genüge völlig, dies alles der ungebildeten Frau zu überlassen. Nur wenn sie sich direkt an die Frauen wenden, predigen sie, wie bedeutsam das häusliche Leben sei. Als Beleg sei nur erwähnt, wie außerordentlich häufig die Reinheit und der Friede der Familien durch die Ausschweifungen der Männer gestört wird. Wollte man die Keuschheit der Männer ebenso eifrig überwachen wie die der Frauen, würden sich die meisten Männer über sechzehn, siebzehn als unsittliche, unsaubere Menschen erweisen. Es ist offensichtlich, dass es den meisten an Bereitschaft fehlt, sich gegenüber Eltern, Ehefrauen, Kindern als Stütze des häuslichen Friedens zu profilieren. Was für Frauen wichtig ist, müsste doch eigentlich für Männer ebenso wichtig sein. Der Gedanke, alles Häusliche nur auf die Frauen abzuwälzen, führt geradewegs zum Zusammenbruch des Hauses, keinesfalls zur Vollendung eines glücklichen Haustandes.

* * *

Ich möchte den Wert von Haus und Familie richtig verstanden wissen. Es handelt sich nicht wie früher um etwas Enges, Düsteres, Sinnloses, das uns nicht zusagt; es ist auch nichts so Wichtiges, dass die Frauen, im Sinne der besagten Rechthaber, ihre ganze Lebenszeit und Kraft dafür aufwenden müssten. Die Familie ist das Nest des Menschen. Sie entsteht auf der Grundlage einer Beziehung von Mann und Frau als Ehepaar, schließt die Kinder und Hausangestellten mit ein und ist der Ort, wo unter gegenseitiger Zuneigung ein ruhiges Zusammenleben unter einem Dach und Erziehung stattfinden. Das zur Gleichberechtigung erzogene Ehepaar nimmt dieses Familiennest zum Ausgangspunkt und betätigt sich in Berufen, die sowohl individuell wie im Sinne der Gesellschaft der eigenen Persönlichkeit angemessen sind. Falls die Eheleute in ihren Interessen ähnlich ausgerichtet sind, so können sie sehr wohl im gleichen Metier zusammenarbeiten; im anderen Fall ist absolut nichts Ungewöhnliches dabei, wenn sie je nach Spezialisierung völlig unterschiedliche Berufe ergreifen. Früher gab es viele völlig unbedarfte Frauen, die geringe Arbeiten fälschlicherweise als etwas sehr Wertvolles betrachteten und ihre Zeit hektisch, aber sinn- und nutzlos zubrachten. Von nun an wird die Zahl der gut ausgebildeten Frauen gewaltig zunehmen, die dann natürlicherweise einen Überschuss an Energie haben werden, wenn sie nur im Hause bleiben. Dazu kommt noch, dass sie wissen werden, wie man rasch und flink mit den bisher träge verrichteten Küchen- und anderen Arbeiten fertig wird, sodass ihnen auch deshalb viel mehr Zeit bleibt. Besonders in den Städten werden sich die Einrichtungen der modernen Zivilisation verbessern und viel unnötige Handarbeit ersparen. Anders als die Rechthaber es sich ausmalen, werden Geschäfte wie Kochen, Nähen, Waschen nicht mehr so wichtig sein und nur noch einen geringen Teil der Frauenarbeit ausmachen. Die Frauen werden solches in rascher Folge erledigen und daneben einen großen Überschuss an Kraft und Zeit haben. Wenn sie diese gleichberechtigt mit den Männern für eine Tätigkeit einsetzen wollen, die der Selbstentfaltung dient, dann darf man dies als gewaltigen Fortschritt für die Frauen, nein, für die Menschen allgemein bezeichnen.

* * *

Es geht nicht einfach darum, außerhalb des Hauses arbeiten zu wollen, sondern es geht um eine Einstellung, die den Horizont von Haus und Familie übersteigt. Weder für Männer noch für Frauen ist es erfreulich, einfach nur in der häuslichen Umgebung eingeschlossen zu sein. Das Glück der Menschen wird sich steigern, wenn Tätigkeiten zum Maßstab genommen werden, die über Familienaspekte hinausgreifen, und wenn Schwerpunkte in diese Richtung verlegt werden. Zugegeben, die Menschen sind unterschiedlich veranlagt; und für Männer wie Frauen, die kein Talent haben, einen solchen Standpunkt einzunehmen, besteht keine Notwendigkeit, sich unbedingt außerhalb des Hauses zu betätigen. Die Hausarbeit soll auch in keiner Weise verächtlich gemacht werden! In Haushalten mit vielen Kindern mag es sogar unumgänglich sein, dass der eine Elternteil im Interesse der Kindererziehung zu Hause bleibt und sich eine Betätigung sucht, die diesen Lebensumständen angemessen ist. Je nach Sachlage ist das der Verantwortung eines jedem Haushalts und jeder einzelnen Person anheimzustellen. Es kommt nicht infrage, von außen irgendetwas entscheiden oder durchsetzen zu wollen. Die Rechthaber wollen zum Beispiel die Lebensführung von Lehrerinnen oder weiblichen Angestellten als Ausnahmefälle behandelt wissen. Doch ich denke nicht, dass es solche berufsbedingten Ausnahmefälle gibt. Jeder Einzelne soll eine seiner Anlage, seiner Erziehung, seinem Milieu angemessene Lebensweise frei wählen können – das entspricht heute dem gesunden Menschenverstand. Die Zeiten, da man dachte, der Samurai sei für immer Samurai, der Bürger bleibe für immer dem Bürgerstand verhaftet und die Frau habe ihren Platz für immer in der Küche, gehören der Vergangenheit an. Eine Argumentation, welche die weiblichen Aktivitäten auf sogenannte positive Bereiche wie die Wohltätigkeit einschränken möchte, würde fortan die Frauen nicht wirklich anerkennen und wäre unbefriedigend. Sowohl im Haus wie in der Gesellschaft müssen Männer und Frauen kooperieren. Steuern werden auch bei Frauen eingetrieben, die politischen Rechte aber, angefangen mit dem Stimmrecht, sind ein Privileg der Männer – ein Phänomen, das künftig ohne jeden Zweifel dem Untergang geweiht sein wird.

(Dezember 1911/Mai 1915)

1 Heian-Zeit: 794–1185/1192.

Die essenzielle Gleichheit von Mann und Frau

Die Frauen haben über lange Zeit vergessen, was für sie das Allerwichtigste ist. Oder sie haben sich allzu bescheiden zurückgenommen. Jede Frau ist, solange sie ihr inneres Gleichgewicht nicht verloren hat, in ihrer ganzen Körperlichkeit unbewusst vom Selbstvertrauen durchdrungen: «Ich bin ein Mensch.» Jede wird intuitiv so empfinden, wenn sie sich ab und zu für einen Moment der naiven Selbstbetrachtung hingibt. Sobald sich jedoch das Auge des Bewusstseins auch nur um einen Spalt öffnet, wird ihre seelische Balance durcheinandergeraten. Infolge herkömmlicher, angelernter Vorstellungen und diskriminierender Lebensumstände, die sich heute in unnatürlicher Weise verhärtet haben, wird ihr unmittelbares Gefühl, ein dem Manne gleichgestelltes menschliches Wesen zu sein, ins Wanken geraten.

Ich erkenne fließende Unterschiede im Rahmen der Gleichheit natürlich an. Die Menschen heben sich nun einmal in ihren Fähigkeiten voneinander ab, bedingt durch verschiedenartige Erbanlagen, Milieus und Erziehungsformen. Aber das sind eben Unterschiede auf der Grundlage von Erbanlage, Milieu und Erziehung, nicht auf der Grundlage des Geschlechts. Der Unterschied zwischen Mann und Frau hat seinen Ursprung in den jeweiligen physiologischen Gegebenheiten der Eltern. Es trifft nicht zu, dass damit eine für immer unveränderliche Vorbestimmung der Lebensführung im menschlichen Körper festgelegt wäre. Und deshalb ist es undenkbar, dass der Geschlechtsunterschied als Ursache der Verschiedenheiten unter den Menschen angesehen werden kann.

Geschlecht bezeichnet den Unterschied des Fortpflanzungsapparats. Auch wenn die Organe sich unterscheiden, so bedingt das Zeugen von Nachkommen doch die Mitwirkung beider Geschlechter. Also sind sich Männer und Frauen in dieser Zielsetzung (dem Erhalt des Lebens) gleich. Wenn man das Streben gleichberechtigter Menschen nach einem besseren Leben anerkennt, dann dürfen die Verschiedenheiten nicht die übergeordnete Gleichheit beeinträchtigen, wie umgekehrt auch das Ganze der Gleichheit nicht die Verschiedenheiten im Einzelnen übersehen darf. Eine Verabsolutierung von Verschiedenheiten führt zu Diskriminierung, eine Verabsolutierung von Gleichheit lediglich zu Gleichmacherei.

Wenn man nicht daran glaubt, dass die Menschheit den Willen zu einem besseren Leben in Gleichheit, ohne Diskriminierung Einzelner, besitzt, wenn man nicht daran glaubt, dass jedem Individuum die Fähigkeit als verborgene Kraft innewohnt, die Werte des Lebens in Gleichheit zu verwirklichen, dann verliert auch jegliche Erziehung ihren Sinn. Denn die Erziehung hat das Ziel, diese verborgene Kraft anzuregen, anzuleiten und sie soweit irgend möglich in Gleichheit zur Entfaltung zu bringen.

Die Menschheit hat über lange Zeit hinweg allerhand Verschiedenheiten als unumstößlich betrachtet und überbewertet. Zum Beispiel war bei den Japanern seit der Heian-Zeit der Standesunterschied zwischen der Beamtenklasse und dem Volk strikt festgelegt. Und selbst innerhalb der Beamtenklasse war es Leuten, die nicht dem ersten oder zweiten Familienrang des Hofadels angehörten, verwehrt, zum Ministerrang aufzusteigen, mochten sie noch so hervorragend qualifiziert sein. So kam es schon bald zur Gegenbewegung von Leuten, die das üble Beamtensystem unerträglich fanden und ihre Menschrechte wiederzuerlangen trachteten: Es waren niedere Beamte, die sich als größere oder kleinere Lehensherren überall in den Regionen eingelebt und Privattruppen aufgestellt hatten. Aber auch sie etablierten nun ihrerseits eine fest gefügte Gesellschaftsschicht, einen Kriegerstand, den sie zu verteidigen trachteten, sodass sie neue Diskriminierungen schufen, die einerseits das Kaiserhaus in Bedrängnis brachten und andererseits die Angehörigen des gemeinen Volkes in den Sklavenstand versetzten. In jenen Zeiten besaßen die Unterschiede zwischen Beamtenschaft und Volk, die Unterschiede der Abstammung und Blutsverwandtschaft eine derart hohe Autorität, dass sich kaum ermessen lässt, wie sehr das Menschenrecht der Gleichheit missachtet wurde. Heute sind solche Diskriminierungen weitgehend überwunden. Nur das Vorurteil des Geschlechtsunterschieds hat sich unverändert, mit der ganzen Kraft der Tradition, erhalten.

Ich kann zwar funktionelle Unterschiede zwischen den Menschen anerkennen, aber nicht substanzielle. Als funktionelle Unterschiede sind sie nicht festgelegt, sondern befinden sich unentwegt im Fluss; das heißt, sie verändern sich je nach den Fähigkeiten und den Notwendigkeiten der äußeren Lebensumstände. Zudem vollziehen sich Veränderungsprozesse unterschiedlich, je nach individuellen psychischen oder physiologischen Voraussetzungen. Zum Beispiel entwickelt sich die eine Person zum Gelehrten, die zweite widmet sich einem Handwerk. Die dritte Person erfüllt die Pflichten eines Vaters, die vierte die Pflichten einer Mutter. Wenn aber die passenden Fähigkeiten nicht vorhanden sind oder die Lebensumstände nicht in diese Richtungen weisen, dann wird die Person eben nicht zum Gelehrten oder zur Handwerkerin oder zum Vater oder zur Mutter, sondern wird sich als Mensch in einem zu ihr passenden anderen Feld entfalten.

Auf diese Weise ergeben sich die Unterschiede zwischen den Menschen, und so wandeln sie sich. Jedoch nicht nur zwischen den Menschen. Auch im Verlauf jedes einzelnen Lebens bringen die Verhältnisse mannigfaltige Unterschiede hervor, die sich überdies ständig wandeln. Der Mensch kann aufgrund von psychologischen und physiologischen Voraussetzungen entsprechend seinen Fähigkeiten ein geeignetes Tätigkeitsfeld wählen, aber es nach Belieben auch wieder wechseln.

Ich nehme je nach Umständen Rücksicht auf diese Unterschiede und richte mein Leben danach aus. Aber ich denke nicht daran, mich von ihnen beherrschen zu lassen. Ich selbst bin es, die diese Verschiedenheiten im Griff haben muss. Für mich als menschliches Wesen, das in Gleichheit zu leben trachtet, sollen es Unterschiede sein, die in der Verfügungsgewalt meines eigenen Willens stehen. Selbst einen physiologischen Unterschied wie den zwischen Mann und Frau – etwas, was einem auf den ersten Blick schicksalhaft zugefallen scheint – muss man von innen her im Zaum halten und im Interesse eines besseren Lebens möglichst vorteilhaft nutzen, denke ich. Sich zum Beispiel durch sexuelle Ausschweifungen zu ruinieren heißt nichts anderes, als Subjekt und Objekt auf den Kopf zu stellen und vor der Sexualität die Verfügungsgewalt über sich selbst aufzugeben. Andererseits, denke ich, ist es eine unnütze Selbstbeschränkung, das Sexuelle als allzu große Last zu betrachten und seine ganze Energie ausschließlich auf ein Leben als «gute Frau und weise Mutter» zu konzentrieren.

Angenommen, jemand propagiert eine totale Gleichmacherei im Sinne einer egalitären Verteilung des Besitzes, wie das die radikalen Frühsozialisten getan haben, dann muss man ihm die Gründe für eine legitime Existenz von Unterschieden zwischen Arm und Reich im Verhältnis zu den Anstrengungen der Menschen deutlich machen. Oder wenn sich in vergleichbarer Weise die abwegige Tendenz ausbreiten sollte, eine absolute Gleichheit unter den Menschen zu predigen und ohne Rücksicht auf den aktuellen psychischen und physischen Zustand für Gescheite wie Dumme, für Männer wie Frauen, für Gesunde wie Kranke den Zugang zu denselben Ämtern und Tätigkeiten zu fordern – gewiss ein unvernünftiges, unnatürliches und rein hypothetisches Ansinnen –, dann müssten der Welt die Unterschiede von klug und dumm, stark und schwach, alt und jung, weiblich und männlich klar vor Augen geführt werden. Im gegenwärtigen Japan haben wir allerdings ein andere Sachlage: Hier hat sich im Gegensatz dazu die überlieferte Ansicht vom Unterschied der Geschlechter in hohem Maß und über alle Notwendigkeit hinaus verhärtet. Leben wir nicht in einer Zeit, da die Gewohnheit, menschliche Autorität und Fähigkeit aufgrund des Geschlechts in fixe Kategorien einzuteilen, tief verwurzelt ist – geradezu so, als ob von Tieren höherer und niedererer Ordnung die Rede wäre? In Europa ist die Verkündigung der allgemeinen Menschenrechte bereits eine historische Tatsache, und die damit verbundene Gleichheit der Geschlechter wurde – schon vor dem Auftreten von Frauenrechtlerinnen der jüngsten Zeit – nicht nur in der Theorie bejaht, sondern sie zeigt allmählich auch vielversprechende Ansätze in der praktischen Umsetzung. Selbst wenn im Alltag noch nicht von einer echten Gleichheit zwischen Mann und Frau gesprochen werden kann, ist die Kluft doch niemals so tief wie bei uns im Osten. Angesichts der fortgeschrittenen Verhältnisse in Europa wäre es möglicherweise bereits ein veralteter Standpunkt, derart die Gleichheit der Geschlechter zu betonen. Und um das Übel der Gleichmacherei, wie sie von Fürsprechern der Frauenrechte alter Schule vertreten wurde, zu vermeiden, müsste man vielleicht besonders die Achtung vor der Mutterschaft betonen.

Die Japaner liegen jedoch in ihrer inneren zivilisatorischen Entwicklung noch weit hinter den Europäern zurück. Besonders die japanischen Frauen haben in überwiegender Mehrheit keine Vorstellung von Würde oder von der Zielsetzung der menschlichen Existenz; vielmehr schwanken sie wie Treibgut auf den Wellen der materiellen Zivilisation. Rousseau hat einmal dem Sinne nach Folgendes gesagt: «Ich bilde nicht in erster Linie Gelehrte, Politiker oder Generale aus, sondern Menschen.» In gleicher Weise ist es die dringlichste Pflicht, den japanischen Frauen, noch bevor sie Ehefrauen und Mütter werden, das wahre Bewusstsein von der Gleichheit als Menschen einzupflanzen. Ideen, die in Europa bald schon zum alten, etablierten Bestand gehören werden – seien es der Naturalismus oder die Frauenrechte –, müssen in Japan endlich als lebendiges Gedankengut von Grund auf studiert werden.

Wenn dadurch die Diskriminierung im täglichen Leben nochmals deutlicher zutage tritt, wird sich die Erziehung der Frauen um ein Vielfaches verbessern und substanzieller gestalten. Die Frauen müssen sich dann nicht mehr voreilig in ein blindes, unsicheres und unreifes Eheleben stürzen. Sie müssen nicht mehr eine große Zahl schwächlicher Kinder, welche die Zukunft der Menschheit belasten und das Wohlbefinden der Gesellschaft schmälern, in die Welt setzen. Die Japanerinnen erhalten dann erstmals Gelegenheit, durch ihren geistigen und körperlichen Arbeitseinsatz einen Beitrag zur weltweiten Zivilisation zu leisten.

(August 1916)

III.

Frau und Politik/Demokratie

Frauen und Politik

Vor Kurzem hat der Innenminister, Herr Ōura[1], öffentlich erklärt, dass man den Frauen verbieten wolle, sich an politischen Aktivitäten im Rahmen der Parlamentswahlen und anderer Wahlveranstaltungen zu beteiligen. Das hat sich nunmehr zum gesellschaftlichen Problem entwickelt. Mich verwundert es nicht, dass ein solches Problem gerade durch Herrn Ōura aufgebracht wurde. Wie jedermann bekannt ist, tut sich Herr Ōura unter den heutigen Bürokratenpolitikern[2] als ausgesprochener Autokrat hervor.

Falls Herr Ōura der Meinung ist, dass man die Frauen davon abhalten sollte, als Stimmenwerberinnen im Auftrag von Kandidaten bei der Wählerschaft von Tür zu Tür zu gehen, dann bin ich einverstanden. Stimmenwerber sind Vertreter oder Abgesandte der Kandidaten. Wenn Kandidaten persönlich oder mithilfe von Stellvertretern an die Türen der Wähler klopfen und um Stimmen werben, so ist das ein unwürdiges Verhalten, das sich für Leute, die ein hohes öffentliches

Amt anstreben, nicht geziemt. Und wenn die Kandidaten für diesen Zweck hohe finanzielle Mittel aufwenden, so bringt das die Wähler in Verlegenheit. Deshalb halte ich es für richtig, sowohl Männern wie Frauen zu untersagen, sich als Werber im Sold von Kandidaten zu betätigen. Durch das strikte Verbot des Wahlwerbertums lassen sich auch diese Hausbesuche unterbinden.

Doch Herr Ōura ist ein Autokrat. Einer, der das freie menschliche Streben weder versteht noch achtet. Wenn er, selbst als Autokrat, auf einem Fundament unbeugsamer konservativer Gesinnung stehen würde, könnte er ja wohl aus der Auseinandersetzung mit anderen Meinungen auch für sich selbst einen Nutzen ziehen. Aber solches Denken ist ihm von Natur aus fremd. «Frauen haben ihre Aufgaben als Frauen. Sich in die Angelegenheiten der Männer einzumischen ist völlig überflüssig und eine Anmaßung. Von Politik verstehen Frauen und Kinder nichts.» So reden die Spießer dünkelhaft und mit altmodischen Ansichten über Probleme daher, welche sorgfältiges Nachdenken erfordern würden, und sie halten das für kluge und treffliche Meinungsäußerungen. Genau so will offenbar auch Herr Ōura mit derartigen nicht durchdachten Allerweltsmeinungen jegliche politische Aktivität von Frauen wegzaubern.

Wer den Fortbestand und die Neugestaltung des Lebens wünscht, für den ist die Verwirklichung dieser Bestrebungen ein menschliches Grundanliegen. Ist es nicht das Recht jedes Einzelnen, zur Umsetzung dieser Grundanliegen beizutragen? Insofern die Politik eine

Politik zum Nutzen des menschlichen Lebens ist, insofern die Neugestaltung der Politik ein Grundanliegen des menschlichen Lebens ist, steht es doch wohl jedem Einzelnen zu, politisch aktiv zu werden. Zu sagen, die Männer dürften sich damit beschäftigen, die Frauen aber gehe es nichts an, entbehrt jeder Spur von Plausibilität. Dass es in Bezug auf Grundanliegen einen entscheidenden Unterschied zwischen Mann und Frau gibt, ist nicht anzunehmen. Und selbst wenn in der Vergangenheit die politischen Ambitionen der Frauen gering waren, so lässt sich daraus für die Zukunft nichts ableiten. Die menschlichen Bedürfnisse und Bestrebungen schreiten voran, manchmal stürmen sie gar vorwärts. Da dies in der neusten Zeit der Fall war, änderten sich die Mechanismen der Bedürfnisse nach Inhalt und Form. Auch das, was man unter Politik versteht, hat sich in der Gegenwart gegenüber früher verändert. Schon jetzt hat sich auf der Grundlage des demokratischen Geistes das Aktionsfeld der Politik ausgeweitet. Deshalb ist es angebracht, dass die Japaner – im Unterschied zu autokratischen Zeiten, als eine kleine Zahl von mächtigen Familien die Landespolitik als eigene Domäne betrachtete – nunmehr als Gesamtheit das Recht zur politischen Teilhabe ausüben können.

Der demokratische Geist postuliert Freiheit, Gleichheit, Menschenliebe; zudem verheißt ein von diesem Geist angestachelter neuer Idealismus den Menschen einen großen Sprung vorwärts und gibt uns Mut. Wenn man in einer solchen Zeit die Frauen aus der besagten

«Gesamtheit der Japaner» ausschließen will und ihnen ihr Recht als Menschen zu rauben trachtet, ist das widerrechtlich.

Die Spießer werden wohl auch noch anfügen: «Sich mit Politik zu beschäftigen verletzt die Sittsamkeit der japanischen Frauen.» Solchen Schwadroneuren möchte ich die Frage stellen: Steht etwa der Geist verfassungsmäßiger Politik zu dem Wesen der Sittsamkeit im Widerspruch? Erschöpft sich das Wesen der japanischen Frau bereits in der Sittsamkeit? Oder sind diese Schwadroneure, die bei jeder sich bietenden Gelegenheit auf die Historie zurückgreifen, etwa der Meinung, dass Politikerinnen, denen man in der Geschichte des Ostens wie des Westens hie und da begegnet, allesamt nichtsittsame Frauen gewesen seien? War denn zu einer Zeit, als die tatsächliche Macht noch beim Kaiser lag, der Geist der Politik, verkörpert in weitsichtigen Kaiserinnen, Kaisergemahlinnen, kaiserlichen Prinzessinnen seit Amaterasu Ōhirume no Mikoto[3], ebenso ein Beispiel fehlender Sittsamkeit – etwas, was als Modell für uns japanische Frauen kaum infrage kommt? War vielleicht die postume Verleihung eines Hofrangs an Aktivistinnen, die sich in den Umwälzungen der Meiji-Restauration[4] verdient gemacht hatten, etwas, was den Gepflogenheiten der Japaner zuwiderläuft?

Die Spießer befürchten möglicherweise auch, dass sich alle Frauen samt und sonders mit Inbrunst der Politik zuwenden, wenn man ihnen politische Aktivitäten zugesteht. Eine völlig unbegründete Sorge! Politik ist etwas ganz anderes als eine Lotterie oder ein Pferderennen. Sie eignet sich nicht als Ziel, dem jedermann wild hinterherjagt. Obwohl sich die Männer bereits heute frei ihren politischen Bestrebungen widmen können, ist es in Wirklichkeit nur eine kleine Zahl, die sich aktiv betätigt. In der gleichen Weise würde sich auch bei den Frauen nur eine kleine qualifizierte Minderheit politisch engagieren. Auch wenn einmal die Zeit für das Frauenstimmrecht gekommen ist, sind es ohne Zweifel nur ganz wenige befähigte Frauen, die den Status einer Abgeordneten erringen werden. Nicht nur ist jede Besorgnis fehl am Platz, dass sämtliche Frauen sich in die Politik stürzen könnten, es gibt auch keinen Grund für die Annahme, dass sie etwa wegen politischer Tätigkeit ihre anderen Pflichten vernachlässigen würden.

Doch wie sollte ein Herr Ōura für all dies Verständnis aufbringen! In Übereinstimmung mit einer Reihe scharfsinniger Kulturpolitiker hege ich da nicht die geringsten Erwartungen. Herr Ōura hat es vor Kurzem fertiggebracht, mit Polizeieinsatz und der Macht des Geldes viele Vertreter der Regierungspartei in den Reichstag einziehen zu lassen. Hinterhältigkeit und Druck von oben sind Teil seiner Natur. Eigentlich müsste ich mir wünschen, dass er seine Hinterlist und seine Pressionen weiter auf die Spitze treibt. Denn solange das Volk nicht unter noch starrsinnigerer Willkür leidet, wird das Freiheitsdenken, das den Geist der vom verstorbenen Kaiser Meiji gewährten Verfassung ausweitet und ausbaut, in unserem Lande wohl nicht zum Tragen kommen.

Wenn der Krieg in Europa einmal zu Ende ist, wird der neue Idealismus in Frankreich und England sicher mit doppelter Macht und Intensität wieder auferstehen. Deshalb dürfte auch so etwas wie das Frauenstimmrecht schneller, als man glaubt, Anerkennung finden und im Westen zur Alltäglichkeit werden. Welche Verbote beabsichtigt Herr Ōura, der sich um solche Tendenzen der großen Welt keinen Deut kümmert, dann als Nächstes über die japanischen Frauen zu verhängen?

(Mai 1915)

1 Ōura Kanetake (1850–1918) war vom 7.1.1915 bis zu seinem vorzeitigen Rücktritt am 30.7.1915 Innenminister im 2. Kabinett Ōkuma. Grund für den Rücktritt waren Vorwürfe wegen Wahlbetrugs und Zahlung von Bestechungsgeldern (Ōura-Skandal). Nach seinem Aufstieg in der Polizeiverwaltung war er Präfekt in mehreren Präfekturen und danach Minister in verschiedenen Kabinetten. Er ist ein Musterbeispiel für das, was die Autorin als «Bürokratenpolitiker» bezeichnet.

2 Wörtliche Übersetzung des Begriffs *Kanryō seijika*. Yosano Akiko selbst schreibt am Anfang des Essays *Ich fordere eine Demokratisierung der Erziehung* die Sätze: «Seit den Anfängen Meiji [seit 1868] haben wir eine Zeit der Unterentwicklung durchlebt, in der alles und jedes in die Verantwortung von Staatsbeamten gelegt werden musste. Deshalb war es wohl ein unumgänglicher geschichtlicher Prozess, dass auch die Erziehung der staatlichen Bürokratie unterstellt war.» Das ist Akikos Begründung, warum sich die Bürokraten – nicht nur bei der Erziehung – zu einer autoritären Kaste, zu einer Oligarchie im Staat entwickeln konnten. Es existieren für sie drei weitere Kräfte, die einer echten Demokratisierung im Wege stehen: der Ältestenrat, die Parteipolitiker und die Bürokratenpolitiker.

3 Amaterasu Ōhirume no Mikoto. Sonnengöttin, weibliche Hauptfigur der jap. Mythologie, mythische Ahnherrin des jap. Kaiserhauses.

4 Im Jahr 1868.

Wechselt immer wieder die Regierung aus!

Durch den Rücktritt des Kabinetts Ōkuma[1] in diesem Jahr ist die Politiksaison offenbar so richtig in Gang gekommen. Als ich sah, dass Kultusminister Takata Sanae[2] die Universitätsreform, die er bei Amtsantritt dem Volk öffentlich versprochen hatte, keinen Schritt voranbrachte, war ich sehr enttäuscht von der komplett fehlenden Durchsetzungsfähigkeit dieses, so heißt es doch, vergleichsweise modern gesinnten Politikers. Auch das Wirken des Herrn Ozaki Yukio[3] als Minister nimmt damit nun wohl ein Ende. Es betrübt mich, dass ich diesen beiden Herren, die den Erwartungen der japanischen Jugend in keiner Weise gerecht geworden sind, kein Wohlwollen entgegenbringen kann.

Falls das neue Terauchi-Kabinett[4] sich bemühen sollte, den Sturz der Bürokratenpolitiker zu beschleunigen, so wäre das wahrlich ein Wunder. Da ich mir eine rasche Änderung der Lage wünsche, verfalle ich jedes Mal, wenn die Regierung wechselt, dem Optimismus, dass Japan nun doch ganz sicher einen kleinen Schritt nach vorn tun wird. Der Sturz des Terauchi-Kabinetts soll also erst erfolgen, wenn der Ältestenrat und die Bürokratenpolitiker entmachtet sind. Und als Nächstes ist zu hoffen, dass durch das Abtreten und den Fall immer neuer Regierungen auch die bisherigen Pseudoparteien gesäubert werden. Die wirklich auf dem Boden der Verfassung stehenden Politiker, die danach in Erscheinung treten werden, stecken zurzeit wohl noch im Kindergarten oder in der Grundschule.

(November 1916)

1 Ōkuma Shigenobu (1838–1922). Ministerpräsident des 2. Kabinetts Ōkuma (14.4.1914–9.10.1916).
2 Takata Sanae (1860–1938). Kultusminister im 2. Kabinett Ōkuma.
3 Ozaki Yukio (1858–1954). Justizminister im 2. Kabinett Ōkuma.
4 Terauchi Masatake (1852–1919). General, Ministerpräsident des Terauchi-Kabinetts (9.10.1916–29.9.1918).

Die japanische Politik aus der Perspektive der Frauen

In der Welt der Politik steht wieder einmal ein Wandel bevor. Jetzt, da ich zum Pinsel greife, ist zwar das Parlament im neuen Jahr noch nicht zusammengetreten. Doch ich bringe diese Überlegungen zu Papier in der Annahme, dass sich in wenigen Tagen die Auflösung des Parlaments nicht mehr vermeiden lässt. Wenn man sich vor Augen hält, was für eine wichtige Funktion die Politik für Freud und Leid im Leben aller Japaner, Männer und Frauen, Erwachsener und Kinder, erfüllt, dann machen sich natürlich auch die Frauen mit leidenschaftlichem Interesse Gedanken über das politische Geschehen. Sie können der Politik nicht einfach die kalte Schulter zeigen, nur weil sie als Frauen kein Stimmrecht besitzen. Wie alle Japaner können sie sich weder der Pflicht entziehen, die japanische Politik als ihre ureigene Angelegenheit zu betrachten, noch dürfen sie den Rechtsanspruch darauf vernachlässigen. Ich stelle diesbezüglich aus den gleichen Gründen dieselben Forderungen auf, wie das Frauenrechtlerinnen und Frauenrechtler weltweit tun.

Vor Kurzem hat Professor Tanaka Ōdō[1] in einer Schrift die Losung ausgegeben: «Zurück zu Fukuzawa Yukichi!»[2] Im gleichen Sinne halte ich es für angebracht, dass die Japaner zum Prinzip der Volksrechte[3] zurückkehren, wie sie zu Beginn der Meiji-Zeit postuliert wurden. In Bezug auf dieses Prinzip der Volksrechte hat Herr Baba Tatsui[4] bereits vor längerer Zeit die folgenden Erläuterungen gegeben: «Volksrechte zu haben bedeutet, sich um das Land wie um sich selbst zu kümmern, zu sagen: Dieses Land ist mein Land, dieser Souverän ist mein Souverän, diese Gesetzgebung ist meine Gesetzgebung, nationale Schmach ist meine eigene Schmach, das Ansehen des Landes ist mein eigenes Ansehen. Es bedeutet, mit Gemeinsinn die großen nationalen Aufgaben zu schultern, den Besitz und das Auskommen, ja das eigene Leben im Interesse des Landes hintanzustellen. Wer das nicht tut, handelt nicht im Sinne der Volksrechte.»[5] Es geht also darum, das Wohlergehen des Staates in die Selbstverantwortung des Volkes zu legen und durch Teilhabe an der nationalen Politik die Volksrechte zu etablieren. Vor diesem Hintergrund ist es völlig inakzeptabel, dass – entsprechend einem alten Brauch aus autokratischen Zeiten, als ein Teil des Volkes von Parasiten ausgenutzt wurde – eine aller Logik widersprechende Regierung wie das Terauchi-Kabinett[6] im Amt ist, das sich, ohne Bestätigung durch den Volkswillen, auf eine winzige ständische Gruppierung, den sogenannten Ältestenrat, stützt. Auf jeden Fall begrüße ich es sehr, dass das Volk sowie die beiden Parteien «Kenseikai» und «Seiyūkai»[7] unter dem Vorwand eines Misstrauensantrags auf die rationalen Ursprünge der Volksrechtsbewegung zurückgegriffen haben und dem wie eine Geistererscheinung aus einem Tuschbild aufgetauchten Terauchi-Kabinett auf den Leib gerückt sind. Zu dem Zeitpunkt, da die Leser diese meine Bemerkungen zu Gesicht bekommen werden, dürfte der Reichstag bereits aufgelöst sein, und die Gesamtheit der Japaner muss anlässlich der bevorstehenden allgemeinen Wahlen ihren politischen Willen zum Ausdruck bringen. Das ist es, worauf ich mit diesen Zeilen hinweisen möchte.

Meine Überlegungen zielen in die folgende Richtung: Nicht nur die parteiunabhängigen Kabinette, in denen die Kräfte des Ältestenrats, der Feudalcliquen und der Bürokraten zusammenfließen, sind als Feinde des Volksganzen der Japaner zu betrachten. Auch die heutigen sogenannten Parteien sind ohne Ausnahme Zusammenschlüsse von Autokraten. Sie haben keinen anderen vordringlichen Zweck, als sich auf der Grundlage der Volksrechte der Staatsgewalt zu nähern. Sie wollen im Interesse einer kleinen Minderheit die Politik an sich reißen und das Wohlergehen der Gesamtheit der Japaner dem eigenen Nutzen opfern. Darin unterscheiden sie sich keinen Deut von Bürokratenpolitikern, die mit Unterstützung der Ältesten ihr parteiunabhängiges Kabinett aufgestellt haben. Es ist daher die dringende Aufgabe aller Japaner, sowohl die Macht der Ältesten zu brechen als auch alle Pseudogruppierungen zu unterbinden, die sich den Namen einer politischen Partei anmaßen.

Wenn ich sage, man müsse zum Prinzip der Volksrechte zurückkehren, wie sie zu Beginn der Meiji-Zeit postuliert wurden, hat das den folgenden Grund: Die damaligen Reformer, die eine Bittschrift zur Einsetzung einer gewählten Volksvertretung einreichten, hatten die lautere Absicht und den Mut, wirkliche Volksrechte – das, was man heute Demokratie nennt – konsequent durchzusetzen. Sie konnten nicht voraussehen, dass diese Absicht auf die Stützung nur eines Teils der politischen Kräfte, nämlich des Ältestenrates und der Feudalcliquen, hinauslaufen würde, und noch viel weniger konnten sie sich vorstellen, dass Pseudoparteien wie die heutigen politischen Parteien entstehen würden, welche das Volk nicht repräsentieren, sondern nur den Eigennutz der Mitglieder im Auge haben. Sie waren ungeduldige Idealisten und scheiterten deshalb. Aber ich denke, in puncto umfassende Ideale, lautere Redlichkeit und leidenschaftliche Beherztheit können die heutigen Japaner von diesen Reformern der frühen Meiji-Zeit einiges lernen. Zudem waren sie nicht nur politische Reformer. Neben ihrem Anspruch auf eine von den Volksrechten bestimmte Politik brachten sie die verschiedensten kleinen und großen Probleme aufs Tapet; sie pflegten die Philosophie, hoben laut die Notwendigkeit von Physik und Chemie hervor, traten für den Ersatz der japanischen durch die römische Schrift ein, forderten Gleichberechtigung von Mann und Frau, freiheitliche Erziehung, Mädchenerziehung, das Wohnen von jungen Ehepaaren getrennt von den Schwiegereltern. Das heißt, sie planten fein ausgewogene Reformen, die Einseitigkeit vermeiden und sich über alle Lebensbereiche in Japan erstrecken sollten. Darum habe ich in meiner Einschätzung den bewundernden Ausdruck «umfassende Ideale» verwendet. Das alles geschah noch vor meiner Geburt. Aber man kann es sich mit einem Blick in die Zeitschriften *Meiroku zasshi* oder *Kyōzon zasshi* sowie in die hinterlassenen Schriften von Fukuzawa Yukichi zur Genüge vorstellen.

Sind denn, bei Lichte betrachtet, in den heutigen Parteien irgendwie gleichwertige Ideale, eine irgendwie gleichwertige Beherztheit und Aufrichtigkeit zu entdecken? Was einzelne Personen betrifft, mag es wohl in jeder Partei noch deutlich gescheitere Leute geben, als es die Reformer der frühen Meiji-Zeit gewesen sind. Sobald sie aber in einer Partei als Gruppe auftreten, vergessen sie den Geist und Zweck von Parteien, nämlich sich als Vertreter in den Dienst aller Japaner zu stellen. Anstatt Idealismus herrscht nur noch Machtgerangel, anstatt Aufrichtigkeit herrschen nur noch Intrigen und Niedertracht, anstatt Beherztheit nur noch faule Kompromisse und Unterwürfigkeit – sonst überhaupt nichts. Die Parteiengeschichte der vergangenen dreißig Jahre beweist das. Weil diese Pseudoparteien willkürlich und eigenmächtig handelten, waren die

Japaner bis dahin nicht imstande, sich der alten Mächte, das heißt des Ältestenrates, der Feudalcliquen und der Bürokraten, zu entledigen.

Jetzt ist die Zeit gekommen, diese alten Mächte auszuhebeln und zugleich echte politische Parteien für Japan aufzubauen. Ich hoffe sehr, die Japaner werden sich, als Folge der Parlamentsauflösung, für die kommenden allgemeinen Wahlen vornehmen, dass die bisher tonangebenden Kräfte in den Pseudoparteien verschwinden und es zur Reorganisation mit wahren Inhalten kommt, die einer Partei würdig sind. Falls das nicht geschieht, kann man noch so oft allgemeine Wahlen abhalten, es wird sich alles wiederholen und nichts Gutes dabei herauskommen – gerade so, wie wenn man ungeschickte Go-Spieler abwechselnd gegeneinander antreten lässt. Der einzige Unterschied wäre dann, dass anstelle der Bürokraten die Kenseikai oder auch die Seiyūkai die Macht monopolisieren. Welchem dieser kleinen Machtzirkel es auch zufällt, die Freiheit, die Rechte und das Glück des japanischen Volkes mit Füßen zu treten, es läuft auf dasselbe hinaus.

Seit den letzten allgemeinen Wahlen sind nur drei Jahre vergangen. In dieser kurzen Zeit ist, infolge der Kriegshandlungen in Europa, die Weltlage ins Schlingern geraten und hat sich stark verändert. Besonders die politischen und wirtschaftlichen Verhältnisse haben sich, wie die Zeitungen berichten, in den alliierten Staaten gründlich demokratisiert, was sich in einer ausgeprägten nationalen Einheit äußert. Weil diese Erschütterungen und Veränderungen auch auf Japan einen großen Einfluss ausüben, stelle ich mir vor, dass in den Herzen der Japaner ebenfalls allmählich eine gewisse Selbstreflexion und ein gewisses reformerisches Bewusstsein aufkeimen dürften. Selbst wenn diejenigen, die das Wahlrecht besitzen, noch immer zum größten Teil in der naiven Grundhaltung wie vor drei Jahren verharren, so sind sie doch von einer wachsenden Zahl gebildeter Männer und Frauen im jungen und mittleren Alter umgeben. Davon sind immer mehr mit den gegenwärtigen Verhältnissen in Japan unzufrieden und betrachten es – obwohl sie kein Wahlrecht haben – doch wohl unter all den zahlreichen Reformbedürfnissen als vordringliche Aufgabe, die politischen Organe zu erneuern. Ich wünsche mir, dass diese intelligenten Patrioten die Wahlberechtigten aufrütteln, ermutigen und darauf dringen, dass bei Gelegenheit allgemeiner Wahlen die Vertreter für das Unterhaus jeweils mit großer Sorgfalt ausgewählt werden und dass diese Vertreter sich als zentrale Persönlichkeiten profilieren, welche die Erneuerung aller politischen Parteien vorantreiben. Zurzeit bilden nicht nur die Bürokraten und die Parteien je eine kleine Minderheit, auch die Wahlberechtigten sind in Japan, das kein allgemeines Wahlrechtssystem kennt, nur eine kleine Minderheit, und bevor die Abgeordneten des Unterhauses den Willen der Wahlberechtigten vertreten, müssten die Wahlberechtigten zunächst einmal selbst den Willen von uns allen, der großen Mehrheit der Japaner, treu und aufrichtig umsetzen. Erst dann kann eine Politik der nationalen Einheit, die vom Volk getragen wird, zustande kommen. Die japanische Politik kann so zum wichtigsten Instrument für die Förderung des Wohlergehens aller Japaner werden.

Das bisherige Unterhaus bewegte sich allzu sehr im Bereich der Prosa, einer miserablen, völlig heruntergekommenen Prosa. Die Japaner haben doch einen viel schöneren, gerechteren Geist. Das bisherige Unterhaus war kein Abbild der Gesamtheit der Japaner. Die kommenden allgemeinen Wahlen müssen einen Schub der Poetisierung des Unterhauses bringen. Für Poesie braucht es nachvollziehbare, gut erspürte, gut durchdachte, gut ausgefeilte Ideen. Um diese Ideen zum Ausdruck zu bringen, muss man herausragende Charaktere wählen. Die Engländer und Franzosen führen allen andern vor Augen, wie sie in ihren Unterhäusern hervorragende Charakterköpfe aus allen Ständen aufgestellt haben. Werden die Japaner den Mut haben – angesichts des bisherigen Unterhauses – eine Auswahl hervorragender Repräsentanten aus allen Schichten Japans als Elite des Landes vor den Augen des Auslands auftreten zu lassen?

Die Reform von Parlament und politischen Parteien, wie ich sie mir wünsche, sollte nicht als ein von der japanischen Wirklichkeit völlig abgehobenes Ideal behandelt werden. Es mag ja sein, dass die Berufspolitiker, die sich allein auf die Erfahrungen der Vergangenheit stützen, dies alles nur als Hirngespinst mit einem müden Lächeln von sich weisen. Für eine junge, frische, außerhalb der politischen Zirkel stehende Generation – das sind die Leute, welche die wahre Situation Japans wirklich begreifen –, eine Generation, die deutlich spürt, wie die Gegenwart von zukünftigen weltweiten Kräften mehr und mehr in Mitleidenschaft gezogen wird, ist es undenkbar, dass sich Japan innerhalb der Kulturnationen isoliert und dass das Land auch nach dem Krieg weiterhin unzeitgemäß unter einem System existiert, welches von überparteilichen militaristischen Bürokratenkabinetten oder autokratischen, demokratisch maskierten Pseudoparteien bestimmt wird. Sie werden daher, so denke ich, rückhaltlos die Notwendigkeit bejahen, Institutionen zu schaffen, die den Willen der Gesamtheit der Japaner zum Hintergrund haben.

Falls diese Hoffnung auch nur ein bisschen zur Beschleunigung dieses Prozesses beigetragen haben sollte, wäre ja auch die ungesetzliche Parlamentsauflösung durch das Terauchi-Kabinett nicht ganz ohne Nutzen gewesen. Hinzu kommt: Die Regierung Terauchi ist zwar ein nicht verfassungsgemäßes Kabinett von Säbelrasslern, doch zumindest ein Mitglied, Innenminister Gotō[8], gibt sich im Gegensatz zu seinem Vorgänger Herrn Ōura als einer, dem die Kultur wichtig ist. Also dürften allgemeine Wahlen unter seiner Oberaufsicht wenigstens ohne skrupellose Einmischung vonstattengehen. Wenn daher die Wahlberechtigten von einer großen Mehrheit des Volkes aufgeweckt und ermutigt werden, dann, so stelle ich mir vor, würden diese Wahlberechtigten (die ja verglichen mit uns anderen nur eine kleine Minderheit ausmachen), weniger den Verlockungen und der persönlichen Rücksichtnahme auf die Parteipolitiker verfallen und es würden viel weniger altmodische Abgeordnete gewählt, deren Positionen weit entfernt von unseren Erwartungen liegen.

Wenn ich hier von der großen Mehrheit des Volkes spreche, so heißt das: Die Hälfte davon sind Frauen. Heute, da gebildete Leute mit fortschrittlichen Ideen, angespornt von neueren westlichen Tendenzen, bereit sind, selbst den Frauen das Recht zur politischen Betätigung zuzugestehen, stellt sich die Frage, in welchem Maße sich das politische Bewusstsein unter den Japanerinnen bereits entwickelt hat. Ich warte sehnlichst darauf, dass sich dies bei Gelegenheit der anstehenden allgemeinen Wahlen an irgendwelchen Fakten ablesen lässt. Und ich hoffe sehr, dass der Innenminister, Herr Gotō, was die politische Beteiligung der Frauen betrifft, nicht einfach nur opportunistisch eine möglichst tolerante Haltung an den Tag legen wird. Auch die für ihre Klugheit bekannte Gemahlin von Herrn Gotō wird ihren Mann gewiss vor dem Hintergrund der neuen Weltlage – anders, als dies bei den sogenannten edlen Damen im Vorstand der «Patriotischen Frauenvereinigung» der Fall ist – in dieser Sache unterstützen.

Allerdings meine ich, wenn ich von politischen Aktivitäten der Frauen spreche, nicht das sich selbst entwürdigende Verhalten von Aktivistinnen, die, wie bei den letzten allgemeinen Wahlen geschehen, als Vertreterinnen von Kandidaten mit tiefen Verbeugungen an den Türen der Wahlberechtigten die Runde machten. Ganz im Gegenteil, es bedeutet: die wertvollen politischen Rechte nicht zu missbrauchen, indem man der Versuchung unterliegt, sich als einfältige, unbedarfte Wahlhelferin im Interesse von Parasiten des Wahlsystems aufzuspielen; es bedeutet: die Kriterien der Kandidatenauswahl nicht materiellen Vorteilen oder dem eitlen Reputationsbedürfnis der Kandidaten oder anderen persönlichen Rücksichtsnahmen zu unterstellen; es bedeutet: auf die Wahlberechtigten beziehungsweise auf die Frauen in ihrem Umkreis einzuwirken und zu zeigen, dass es darauf ankommt, ob die Kandidaten in puncto Persönlichkeit und politische Ansichten wirklich als Vertreter des Wahlvolks qualifiziert sind oder nicht. Oder noch deutlicher gesagt, es geht vor allem darum, Kandidaten zu bestimmen, die den Ansprüchen als Repräsentanten der Frauen zu genügen vermögen – und diese dann mit entsprechenden Argumenten der Wählerschaft zu empfehlen. Da solche Aktivitäten aber immer noch unter der misslichen Situation leiden, dass den Frauen politische Betätigung und öffentliches Reden im Rahmen von Organisationen gesetzlich verboten ist, bleibt nichts anderes übrig, als solche Empfehlungen schriftlich zu verbreiten oder sich als Einzelperson mündlich an die Wahlberechtigten und ihre Umgebung zu richten. Ich weiß von einem Fall anlässlich der allgemeinen Wahlen vor drei Jahren, dass die Frauenvereinigung eines bestimmten ländlichen Bezirks hinter den Kulissen Einfluss auf den Wahlkampf genommen hat. Doch war das eine persönliche Begünstigung, wurde also eigentlich als Werkzeug des Anwärters eingesetzt. Es war also kaum so, dass der Frauenverein seinen Einfluss in Kenntnis der Bedeutung des parlamentarischen Systems und in Kenntnis des Charakters sowie der politischen Ansichten des Kandidaten – also im Sinne eines Ideals – bewusst geltend gemacht hat. Weil ein derartiger blinder Aktivismus von Frauen schädlich ist, wünsche ich, dass er eher unterbleiben möge. Doch heute, da so viele jüngere Frauen und auch solche im mittleren Alter Mädchenschulen besucht oder eine noch höhere soziale Ausbildung genossen haben, hoffe ich inständig, dass solche Frauen bei dieser Gelegenheit aus eigenem dringendem Antrieb heraus überall im Land nach vorn treten werden – Frauen, die kein geringeres Maß an Eifer und Einsatzbereitschaft an den Tag legen als weiland die kaisertreuen Loyalistinnen am Ende der Tokugawa-Herrschaft.[9]

(Januar 1917)

Anmerkung des Übersetzers
Hintergrund für diesen Essay bildet die damals gültige, vom Kaiser Meiji erlassene Verfassung von 1889: Formal war Japan eine konstitutionelle Monarchie mit Oberhaus und Unterhaus (mit eingeschränkten Rechten). Für das Unterhaus waren nur Männer vom fünfundzwanzigsten Altersjahr an wahlberechtigt, die einen hohen Mindestbetrag an Steuern entrichteten – etwa ein Prozent der Bevölkerung (Zensuswahlrecht). Entscheidenden Einfluss hatte der Ältestenrat *(genrō)* sowie die Bürokratie. Die wechselnden Parteien entwickelten sich jeweils rasch zu Parteienoligarchien und waren nicht demokratisch legitimiert.

1 Tanaka Ōdō (1867–1932). Schüler von John Dewey an der University of Chicago. Professor u.a. an der Waseda-Universität. Philosoph, Publizist, Vertreter des Pragmatismus.
2 Fukuzawa Yukichi (1834–1901). Der bedeutendste Aufklärer und politische Denker der Meiji-Zeit. Die Meiji-Zeit, d.h. die Regierungszeit des Kaisers Meiji, dauerte von 1868 bis 1912.
3 In der frühen Meiji-Zeit taucht der Begriff *minken shugi* (Prinzip der Volksrechte) auf. Er wurde bald vom Begriff *minshu shugi* (Prinzip der Volksherrschaft/Demokratie) verdrängt.
4 Baba Tatsui (1850–1888). Früher Vertreter der «Bewegung für Freiheit und Volksrechte».
5 Erschienen in der Zeitschrift *Kyōzon zasshi*, September 1887.
6 Terauchi Masatake (1852–1919). General, Ministerpräsident des Terauchi-Kabinetts (9.10.1916–29.9.1918).
7 Seiyūkai (gegründet 1900) und Kenseikai (gegründet 1916). Die führenden politischen Parteien.
8 Gotō Shinpei (1857–1929). Mediziner, später Politiker und Innenminister (9.10.1916–23.4.1918).
9 Die Tokugawa-Zeit, auch Edo-Zeit, dauerte von 1600 bis 1868.

Meine Überlegungen zur Demokratie

Demokratie[1] – dieses Schlagwort hat sich nunmehr bis in alle Ecken unseres Landes ausgebreitet und setzt gewaltige Energien frei. Zu Beginn der Meiji-Zeit gab es offenbar im Umkreis von Baba Tatsui[2] für das Wort die Lehnübersetzung *Kyōzon dōshū*[3], aber sie blieb auf diesen kleinen Kreis beschränkt und verschwand wieder. Danach setzte sich zwar der Begriff *Minshu shugi*[4] als Standardübertragung durch. Dennoch erfand man in jüngster Zeit – wegen eines Vorbehalts gegenüber den Schriftzeichen *minshu*[5] – eine weitere Lehnübersetzung: *Minpon shugi*. Man trifft auf Leute, die diesen Begriff – der besagt, dass «das Land beziehungsweise der Staat im Volk seinen Ursprung hat» – mit dem traditionellen politischen Denken Chinas und Japans in Verbindung bringen. Aber da Demokratie ein neues, für das Volk grundlegendes Konzept ist, hat der Großteil der jungen Japaner keine Hemmungen, freimütig alles Mögliche aus der weiten Welt zu übernehmen. Sie verwenden einfach das ursprüngliche, unveränderte Fremdwort *Demokurashī*, weil ihnen die Möglichkeit von Missverständnissen oder eine anbiedernde Haltung gegenüber traditionellen Vorstellungen bei Lehnübersetzungen unangenehm ist. Sie wollen ihr Denken über die ihnen zustehende Freiheit, Gleichheit und Rechtlichkeit ohne Umschweife mit diesem einen Wort zum Ausdruck bringen.

Wenn man die Sammlung von Vorträgen der «Teiyū-Gesellschaft für Ethik»[6] vom März dieses Jahres durchliest, stößt man auf die Aussage, das demokratische Denken in unserem Lande habe nunmehr den Status der Unangreifbarkeit erreicht. Wahrhaft großartig, falls das wirklich so zutreffen sollte! Wenn das Konzept der Demokratie bereits keiner Erklärung oder Rechtfertigung mehr bedarf, muss man überlegen, wie man es verwirklichen kann, damit es in alle Strukturen des täglichen Lebens unseres Landes Eingang findet. Das heißt, fortan gilt es, in allen möglichen Bereichen der Gesellschaft – in den Familien, in den Schulen, in Fabriken wie Privatunternehmen, in den Garnisonen, in der Verwaltung, im Geschäftsleben, in der Liebe, der Erziehung, der Arbeit, der Moral – unabdingbar eine Demokratisierung zu fordern. Die Demokratie des 20. Jahrhunderts bezieht sich nicht mehr nur einseitig auf die Politik.

In diesem Sinne müssen die heutigen Menschen eine persönliche Revolution durchlaufen, um ihr Denken zu erneuern. Was Fragen wie allgemeine Wahlen, Gewerkschaften, das Frauenstimm- und -wahlrecht, die Aufhebung des Adelsstandes, die Rüstungsbeschränkung, die Abschaffung des Kapitalismus, die Revision beziehungsweise Aufhebung der Sicherheits- und Polizeigesetze angeht, ist zu erwarten, dass uns in den nächsten Monaten wohl manche einschneidenden Erfahrungen bevorstehen – so lange, bis das alles in den Ohren zahlreicher Japaner nicht mehr derart unerhört klingt. Zudem denke ich, dass manche Leute sich entschieden darin üben und sich dazu durchringen müssen, bisherige Denkgewohnheiten auch in Bezug auf näher liegende Themenfelder zu revidieren.

Die Straßenbahn verwirklicht Demokratie bereits allenthalben im Land ohne Unterscheidung des Standes. Die Eisenbahnen und Dampfschiffe hängen dagegen noch einer Klassenideologie von Oben und Unten nach. Zwar höre ich, der Generaldirektor des Eisenbahnamtes, Herr Tokonami, betrachte die Passagiere der dritten Klasse als wichtigste Gruppe, er wolle die erste Klasse aufheben und auch die Abteile der zweiten Klasse allmählich verringern. Man kann das als Anzeichen interpretieren, dass die Eisenbahnen unseres Landes einen ersten Schritt in Richtung Demokratie tun wollen. Ich denke allerdings, man kann nicht von einer grundlegenden Demokratisierung bei den Eisenbahnen sprechen, solange nicht auch sämtliche Abteile der zweiten Klasse aufgehoben sind und alle Passagiere die gleichen einheitlichen Bahnwagen benutzen können, deren Ausstattung die heutige erste Klasse noch übertrifft. Ebenso wie ich mir wünsche, dass derartige Wagen bereitgestellt werden und es daneben keine von niedrigerem Status mehr gibt, so wünsche ich mir auch, dass sich die Klassenideologie in allen möglichen Bereichen verflüchtigt.

Wenn man zum Beispiel von «Arbeit» spricht und nur diejenigen Leute als Arbeiter einstuft, die unter den gegenwärtigen Verhältnissen «Arbeiter» genannt werden, läuft das darauf hinaus, dass man alle anderen als Angehörige einer bevorzugten Klasse betrachtet, die ihr Leben ohne Arbeit zubringen. Ob Eigentümer oder Besitzlose, ob Reiche oder Arme, ob Kapitalisten oder Arbeiter – es geht darum, die Kluft zu schließen und aus allen gleichwertige Menschen zu machen, wobei jedermann auf seine Weise seinen Lebensunterhalt bestreitet. Dazu müssen alle mit entsprechender Einstellung und praktischem Einsatz einer Tätigkeit nachgehen, die der eigenen Veranlagung entspricht – sei sie nun geistig oder körperlich –, und sie dürfen anderen diese Arbeit niemals aufbürden. Das geht nur in gegenseitiger Ergänzung und Kooperation und wenn alle ihr Leben einer allgemeingültigen Arbeitsmoral unterstellen. Erreichen wir ein Zusammenleben, wo keiner mehr von sich sagt, er sei nicht Arbeiter, dann ist das Demokratisierung der Arbeit. Solange es bei den Eisenbahnen Klassenunterschiede zwischen erster, zweiter und dritter Klasse gibt, existieren Vorurteile, wonach Leute, die ins Erste-Klasse-Abteil einsteigen, einen in gewisser Weise vornehmeren Eindruck hinterlassen, während die Leute der dritten Klasse besonders niedrig eingestuft werden. Solche Gegensätze werden sich verflüchtigen, sobald sich in den Zügen einmal eine klassenlose, einheitliche Ausstattung durchsetzt. Schafft es die Menschheit analog dazu in ihrem Bewusstsein wie in der Praxis, alle als Arbeiter zu sehen, dann werden auch alle als Arbeiter in Selbstachtung und gegenseitiger Ehrerbietung gleichgestellt sein, und Unterschiede beruflicher Art oder in der Leistungsfähigkeit werden für die Einstufung des Einzelnen als Person keine Bedeutung mehr haben. Das ist meine Hoffnung.

«Liebe kennt kein Oben und Unten!» Betrachtet man dieses Sprichwort, so scheinen die Japaner von alters her so etwas wie ein Verständnis für Demokratie auch in Liebesbeziehungen gehabt zu haben. In Tat und Wahrheit aber verhindert gewöhnlich der Absolutismus der Gesellschaft und der Familien diese Liebesdemokratie. Um ein konkretes Beispiel aus jüngster Zeit zu erwähnen: Zwischen der Tochter aus einer begüterten Familie und einem in diesem Hause angestellten Chauffeur entspann sich ein Liebesverhältnis. Als die Sache von den Zeitungen aufgegriffen wurde, verhöhnte die Gesellschaft das Verhältnis als Unzuchtfall, einzig und allein aus dem einen Grund, weil es nicht standesgemäß war. Dass so etwas heutzutage geschieht, erregt mein äußerstes Missfallen. Nicht allein weil die jungen Menschen dieses Landes Gefangene der Despotie althergebrachter Vorstellungen sind und noch immer kein Recht auf freien persönlichen Umgang haben. Besonders abstoßend ist es, wenn junge Frauen der höheren Gesellschaft, die aufgrund enger, formalistischer Moralvorstellungen ein verlogenes Leben führen müssen und nach echten Gefühlen dürsten, gelegentlich durch die Zuneigung eines Mannes aus dem engen Kreis möglicher Kontakte ihrem Liebesverlangen spontan nachgeben und sich zu einem Verhalten hinreißen lassen, das den Leuten als Fehltritt erscheint; dabei sollte man in einem solchen Fall vor der Verurteilung doch wohl zunächst einmal tiefes Mitgefühl angesichts der Lebensumstände der Betroffenen entwickeln. Nicht nur das: Ein Liebesverhältnis aus dem einzigen Grund verächtlich zu machen, weil der Mann ein Chauffeur ist, entspricht der Denkweise einer Beamten- und Kapitalistenklasse, die Menschen nur aufgrund ihrer finanziellen oder standesmäßigen Vorrechte einstuft und sich herausnimmt, ihren persönlichen Wert danach zu bemessen, ob sie solche Privilegien haben oder nicht. Vom Standpunkt des demokratischen Denkens aus gesehen ist der Chauffeur jemand, der als Arbeiter sein individuelles Leben führt. In dieser Hinsicht ist er als zivilisierter Mensch solidarisch verbunden mit allen anderen Arbeitern, seien es nun Universitätsprofessoren oder gar der Ministerpräsident des Landes. Nur weil er ein Chauffeur ist, lässt sich doch nicht sagen, seine Liebe sei unrein oder sein Beruf sei nicht Ausdruck seiner Persönlichkeit. Falls diejenigen, die diesen Chauffeur tadeln, ihren Lebensunterhalt mit unredlichem, nicht durch Arbeit erworbenem Geld bestreiten oder falls sie ein ausschweifendes Leben führen, das der neuen monogamischen Geschlechtermoral widerspricht, wird die demokratische Gesellschaft sie umgekehrt als ausbeuterischen Pöbel, als Wüstlinge mit Verachtung belegen, die die Liebe anderer mit Füßen treten. Es gilt zu bedenken, dass die Liebe zwischen Menschen in keiner Weise vom Beruf bestimmt wird und dass die Beziehung zwischen einem Chauffeur und einer Tochter aus gutem Hause, was Reinheit anbelangt, moralisch viel höher stehen kann als jede Geldhochzeit oder durch Vermittlung zustande gekommene lieblose Eheverbindung.

Um was für eine Sorte Arbeit es sich auch handeln mag – wer auf sie herabsieht, hinkt nicht nur der allgemeinen umfassenden Arbeitsmoral hinterher, sondern steht auch im Widerspruch zur Demokratie. Wer die Liebeshändel zwischen einem Chauffeur und einer Tochter aus gutem Hause kritisieren will, der soll nicht den Beruf des Chauffeurs zum Maßstab nehmen, sondern sein Urteil allein auf die Echtheit oder Unechtheit der Liebe stützen.

Gerade jetzt ist die Zeit der Einschulung in die Grund- und Mittelstufe. Wenn ich mir die Eintrittsprüfungen für die Mittelstufe ansehe, komme ich zu dem Schluss, dass die Demokratisierung in der Erziehung vor allem mit der Abschaffung dieses Systems beginnen muss. Die Eintrittsprüfungen in die höheren Schulen und die entsprechenden Wirtschaftsschulen stellen seit Langem ein Hindernis für die Jugend unseres Landes dar; doch nun leiden die Mädchen und Knaben auch bereits in der Mittelstufe unter diesen Hürden. In Tōkyō gibt es sogar Orte, wo schon für die Grundschule Eintrittsprüfungen verlangt werden. In beiden Fällen soll durch diese Prüfungen nicht so sehr der Eintritt in die Schule als vielmehr die Verhinderung des Eintritts erreicht werden. Das heißt, es handelt sich um ein äußerst ungerechtes System, das nur einer beschränkten Anzahl von Kindern den Eintritt gewährt und den übrigen die Freiheit vorenthalten will, eine Mittelstufenausbildung zu erwerben. Vor diesem Hintergrund halte ich es für wichtiger, noch mehr Schulen der Mittelstufe statt solche der Oberstufe einzurichten.

Was ich mir im Weiteren für die Demokratisierung der Erziehung wünsche, ist die Koedukation von Knaben und Mädchen auf allen Ebenen, von der Elementarschule bis zur Universität. In der Grundschule ist dies zwar schon mancherorts verwirklicht, in der Mittelstufe aber herrscht die Tendenz, Frauenschulen mit geringeren Qualitätsansprüchen einzuführen. Das ist nichts anderes als die Fortführung von Klassenvorurteilen, die den Unterschied der Geschlechter durch Überlegenheit beziehungsweise Minderwertigkeit definieren. Deshalb ist es wünschenswert, dass in allen Mittelstufenschulen die Koedukation eingeführt wird und weiterführende Schulen ausschließlich für Frauen abgeschafft werden. Unter Knaben wie Mädchen gibt es gleicherweise Kinder, die einer höheren Schulbildung nicht zu folgen vermögen. Sich einzureden, dass dies nur auf Mädchen zutreffe, widerspricht dem Gedanken der Demokratie.

Auch für die höhere Erziehung oberhalb der Mittelstufe verlange ich Koedukation. Oberschulen, Universitäten und alle Arten von Fachschulen wie Handelsschulen, medizinische Schulen, technische Schulen müssen auch Mädchen offenstehen. Ich denke, dass Universitäten wie Keiō und Waseda[7] wegen ihrer freien Stellung als private Institutionen geeignet sind, Pioniere der Koedukation zu werden, und appelliere hiermit an den mutigen demokratischen Geist der führenden Persönlichkeiten dieser beiden Universitäten. Bestrebungen zur Einrichtung zusätzlicher Universitäten nur für Frauen sind in meinen Augen unerwünscht. Das wäre ein völlig veraltetes Erziehungskonzept. Der für das kulturelle Leben wichtige Geist gemeinsamen Wirkens von Männern und Frauen muss selbstverständlich von der Schulzeit an gefördert werden. Was für ein dürftiger Gedanke, von Jungen und Mädchen erst dann zu erwarten, dass sie plötzlich aufeinander eingehen und zusammenleben können, wenn sie im heiratsfähigen Alter sind. Dass es in unserem Lande so häufig zu Scheidungen kommt, hängt wohl unter anderem damit zusammen, dass weder die Männer für die Frauen noch die Frauen für die Männer ein wirklich tiefergehendes Verständnis haben.

Gegenseitiges Verständnis zwischen Mann und Frau

heißt, nicht nur die Vorzüge, sondern auch die Schwächen des jeweils anderen Geschlechts zu kennen. Es gibt nichts Gefährlicheres als vermittelte Heiraten, bei denen Mann und Frau nach nur ein-, zweimaligem Zusammentreffen eine Verbindung eingehen. Da haben beide Partner geistig überhaupt noch keine echten Gemeinsamkeiten gefunden. Selbst wenn sie anfangs ein Bild der Eintracht abgeben, indem sie sich bemühen, bescheiden aufzutreten und nur ihre besten Charaktereigenschaften in den Vordergrund zu stellen, bricht bald einmal die Zeit an, da sich dunkle Seiten zeigen, da sie sich gefühlsmäßig entfremden, da es zu hässlichem Ehestreit kommt, was schließlich bis zur Scheidung führen kann. Welche Ehepaare man auch fragen mag, die sich in einer solchen erbärmlichen Lage befinden – sie bereuen ohne Ausnahme, dass sie übereilt geheiratet haben und anfangs nichts über den Charakter des Partners wussten. Aus diesem Grund ist ein freier Umgang zwischen Knaben und Mädchen unbedingt zu fordern. Meiner Meinung nach ist es ein allzu unvermitteltes und überstürztes Vorgehen, wenn man den Mädchen erst nach Abschluss der Mittelstufe plötzlich erlaubt, mit Männern in Kontakt zu treten. Daraus erwächst leicht die Gefahr, dass sie aus Neugier für das andere Geschlecht und geleitet vom Drang des in diesem Alter erwachenden Sexualtriebs unkontrolliert über die Stränge schlagen und sich unkritisch und wahllos Männern an den Hals werfen, die sich zufällig gerade in ihrem Umkreis aufhalten. Die beste Methode, dieser Gefahr aus dem Weg zu gehen, besteht darin, dass Knaben und Mädchen sich bereits im Rahmen der Koedukation in der Elementar- und Mittelstufe an den Umgang mit dem anderen Geschlecht gewöhnen und ihn nicht als etwas Ungewöhnliches empfinden, dass sie sich in der Erfahrung üben, viele Angehörige des anderen Geschlechts zu beobachten und ihre Vorzüge und Schwächen zu beurteilen.

In einer demokratischen Gesellschaft sollten idealerweise alle Menschen geistig wie materiell gleichen Anteil an allerhöchsten und allerbesten Lebensbedingungen haben. Zumindest aber sollten sie davon ausgehen können, dass allen eine minimale materielle Existenzgrundlage sicher ist. Doch noch gibt es neben der Klasse der «vergoldeten» Menschen auch ein Klasse von Menschen, die täglich verunreinigte Essensreste aus Kasernen, Gefängnissen, Garküchen oder Fabriken zusammenkaufen, um ihren Hunger zu stillen. Es ist eine Tatsache, dass trotz identischer Lebensvoraussetzungen für alle Menschen weiterhin extreme Klassenunterschiede wie zwischen «Paradies» und «Hungerhölle» fortbestehen. Wer sein erbärmliches Leben nur mit Essensresten fristen kann, vegetiert unter dem Existenzminimum dahin. Während es eine Klasse gibt, die, so viel sie auch arbeiten und arbeiten mag, weiterhin unter einer quasi tierischen Existenz leidet, gibt es auch eine privilegierte Klasse, deren Reichtum sich nie erschöpft, so viel sie auch verspielt und verjubelt. Denke ich daran, ist es vom demokratischen Standpunkt aus gesehen nicht mehr als billig, über die gemeinsame Teilhabe an Arbeit hinaus eine gemeinsame Teilhabe am Kapital zu fordern.

(März 1919)

1 Als Fremdwort in Katakana-Silbenschrift geschrieben: *Demokurashī.*

2 Baba Tatsui (1850–1888). Früher Vertreter der «Bewegung für Freiheit und Volksrechte».

3 Wörtlich übersetzt etwa: Koexistenz unter Gleichen.

4 Wörtlich übersetzt: Prinzip der Volksherrschaft.

5 Der Vorbehalt richtet sich gegen die Zeichen für «Volksherrschaft». Herrschaft steht nach konservativer Auffassung nur dem Herrscher, d. h. dem Kaiser, zu.

6 Im Original: *Teiyū rinri kai.* Gegründet 1897/1900. Vereinigung von mäßig progressiven Intellektuellen, die ihre monatlichen Treffen in regelmäßigen «Vortragssammlungen» *(Teiyū rinrikai kōenshū)* dokumentierten.

7 *Keiō gijuku daigaku* (1858 gegründet und 1890 als Hochschule etabliert) und *Waseda daigaku* (1882 gegründet und 1902 als Hochschule etabliert) sind auch heute noch die beiden führenden Privatuniversitäten in Tōkyō.

Ich fordere eine Demokratisierung der Erziehung

Der gegenwärtige Kultusminister, Herr Nakahashi[1], scheint sich – im Gegensatz zu den unfähigen bisherigen Amtsinhabern – aufrichtig um die aktuelle Situation des Erziehungswesens zu sorgen und legt einen ausgesprochenen Reformwillen an den Tag. Man darf zudem davon ausgehen, dass er auch tatsächlich die Macht und den Einfluss hat, etwas durchzusetzen. Im Vertrauen auf Herrn Nakahashi möchte ich hiermit eine Erziehungsreform umreißen, wie ich sie mir seit Langem wünsche – mit der Bitte um Kenntnisnahme.

Zunächst einmal muss die Kluft, die sich zwischen Erziehungswesen und Volk auftut, unbedingt überwunden werden. Seit den Anfängen Meiji haben wir eine Zeit der Unterentwicklung[2] durchlebt, in der alles und jedes in die Verantwortung von Staatsbeamten gelegt werden musste. Deshalb war es wohl ein unumgänglicher geschichtlicher Prozess, dass auch die Erziehung der staatlichen Bürokratie unterstellt war. Jetzt aber sind wir, so denke ich, an einem Punkt angelangt, wo die Demokratisierung des Erziehungswesens in Angriff genommen werden muss.

Die gegenwärtige Erziehung untersteht der Verfügungsgewalt des Kultusministeriums und der verbeamteten Erzieherschaft. Es gibt zwar ein beratendes Gremium des Kultusministers, das sich «Außerplanmäßiger Erziehungsausschuss» nennt und in dem neben Beamten offenbar auch ausgewählte Zivilpersonen sitzen. Aber in Wirklichkeit handelt es sich nicht um echte Volksvertreter, sondern um Angehörige der Plutokratie, einer bevorzugten Schicht im Volk – und auch von ihnen sind nur der Form halber ein, zwei dabei. Aus demselben Grund, aus dem die Befürworter einer Justizreform ein Schwurgerichtssystem fordern und dadurch eine Demokratisierung des Gerichtswesens herbeizuführen hoffen, sollten auch auf allen Ebenen der Präfekturen, der Städte, der Gemeinden und der Dorfeinheiten durch Volkswahl bestimmte Erziehungsausschüsse eingesetzt und das Erziehungswesen unseres Landes in allen Selbstverwaltungseinheiten solchen Ausschüssen unterstellt werden. So würde das bisherige Staatsbeamten-Einheitssystem durchbrochen, und die Erziehung könnte sich auf allen Stufen im Rahmen der bürgerschaftlichen Selbstverwaltung entfalten.

Die Mitglieder dieser Erziehungsausschüsse sind zu einem Drittel aus erfahrenen Vertretern des Erziehungswesens zu wählen, zu einem weiteren Drittel aus dem Kreis betroffener Eltern, die selbst Kinder erziehen, und zwar aus Haushalten sämtlicher Gesellschaftsschichten. Durch die Einbeziehung solcher Kenner der häuslichen Erziehung – das heißt Väter und Mütter, die sich wirklich für die Erziehung des eigenen Nachwuchses verantwortlich fühlen – werden die konkreten Erziehungsbedürfnisse und -forderungen des Volkes deutlich zutage treten. Die Erziehung wird so zu einer Angelegenheit des Volkes, und es kommt nicht mehr wie heute zu der unnatürlichen Situation, dass man sich gegenüber der Schulbildung gleichgültig zeigt.

Heute haben wir eine Erziehung, die der eigenmächtigen Entscheidungsgewalt des Kultusministeriums unterworfen ist. Das Volk hat überhaupt keine Ahnung, nach welchen Idealen und Methoden die Kinder erzogen werden. Jedenfalls handelt es sich nicht um eine Erziehung, die vom Volk diskutiert wurde und seine Unterstützung gefunden hätte. Wie viele Eltern mit schulpflichtigen Kindern, zumal aus der Grund- und Mittelschule, haben wohl zurzeit eine klare Vorstellung davon, was ihre Kinder eigentlich lernen? Nicht nur wissen sie nicht, wie die beiden wichtigsten Erziehungsbereiche, nämlich die häusliche und die schulische Erziehung, in Verbindung und zur Einheit gebracht werden können, sie haben auch keinerlei Unterlagen zur Hand, aufgrund derer sie sich mit der Schulerziehung kritisch auseinandersetzen könnten. Wie kann so etwas der Bezeichnung «Volkserziehung» gerecht werden? Dies ist der Grund, warum ich von einer Kluft zwischen Volk und Erziehungswesen spreche.

Der Schulunterricht hat ja nicht zum Ziel, aus den Schülern Bildungsmaschinen zu machen, sondern soll ihnen helfen, ein ihrem Alter entsprechendes Leben kreativ zu gestalten. Es ist zwar ihr eigenes Leben, aber die Erzieher müssen bereit sein, die Kinder emotional und gemäß ihrer Kenntnisse der aktuellen gesellschaftlichen Verhältnisse in ihrer Lebensführung anzuleiten und zu unterstützen. Und nicht nur das Erziehungswesen als solches ist abgehoben, auch zwischen den Erziehern selbst und dem Volk besteht eine Kluft. Das heißt: Genauso wie es den Justizbeamten unseres Landes an gesundem Menschenverstand mangelt, besitzen auch die Erzieher nur dürftige Erfahrungen bezüglich der tatsächlichen Lebensverhältnisse im Volk. Um diesem Mangel abzuhelfen, ist es notwendig, eine größere Zahl von Vertretern aus der Elternschaft in die Erziehungsausschüsse zu wählen und sie zu verantwortlichen Mitspielern der Erzieher zu machen – im gleichen Sinne wie Geschworene ein Gegengewicht zur Justizbeamtenschaft bilden.

Gerade weil das Erziehungssystem eine Mitwirkung aus dem Volk nicht erlaubt, begegnen Väter und Mütter der Schulbildung bisher mit Gleichgültigkeit. Ich bin aber überzeugt, wenn in den Selbstverwaltungsbezirken einer namenhaften Anzahl an Eltern das Recht zugestanden wird, als Ausschussmitglieder zur Erziehung beizutragen, dann wird im Volk das Bewusstsein gegenüber der Kindererziehung umgehend geschärft, und man wird sich die Fähigkeit aneignen, dieses Recht in fruchtbarer Weise auszuüben. Erst wenn man die spontanen Anliegen des Volkes unterstützt, kann das, was man unter Volkserziehung versteht, in die Tat umgesetzt werden. Solange man, wie es jetzt der Fall ist, die Eltern nur gelegentlich zum Schulbesuch einlädt oder sie rein formal zur Aufmerksamkeit gegenüber der Schule auffordert, wird es niemals eine volksverbundene Erziehung geben, sondern sie wird weiterhin abgehoben unter der Fuchtel der Beamten stagnieren.

Die zweite Neugestaltung, auf die ich hoffe, betrifft eine umfassende Reform des muttersprachlichen Unterrichts in der Elementar- und Mittelstufe. [...]

(25. April 1919)

Anmerkung des Übersetzers
Die vorstehenden Abschnitte umfassen etwa zwei Fünftel des gesamten Textes. Die Autorin stößt sich in den folgenden Teilen vor allem an der Tatsache, dass selbst in den unteren Jahrgangsstufen noch immer schwerpunktmäßig die klassische Schriftsprache gelehrt wird anstelle der modernen jap. Umgangssprache. Zudem kritisiert sie die schlechte sprachliche Qualität der Texte in modernem Japanisch. So interessant die Ausführungen auch sind – auf eine Übersetzung dieser Teile wurde hier verzichtet, weil damit spezifische Fragen der damaligen jap. Sprachpolitik aufgegriffen werden, die hier nicht im Zentrum des Interesses stehen.

1 Nakahashi Tokugorō (1861–1934). Geschäftsmann, Abgeordneter des Unterhauses, Kultusminister im Kabinett von Hara Kei (oder Takashi) vom 29.9.1918 bis 13.11.1921. Übernahm später weitere Ministerposten.

2 Gemeint ist eine institutionelle Unterentwicklung während der turbulenten Periode des Umbruchs nach der Meiji-Restauration (1868), in der die staatliche Ordnung von Grund auf neu gestaltet werden musste. Die Staatsbeamten spielten dabei eine entscheidende Rolle, weshalb sie sich nach Auffassung der Autorin zu einer selbstherrlichen Oligarchie entwickeln konnten.

Die politischen Verhältnisse unseres Landes aus dem Blickwinkel der Frauen betrachtet

Jetzt sind wir so weit, dass auch die Frauen ein Bewusstsein für die Würde der Person entwickelt haben. Wir fordern, dass die grundlegenden Persönlichkeitsrechte gewahrt werden, aber auch, dass den persönlichen Pflichten dem Recht entsprechend nachgekommmen wird. Unser Leben ist mehr als nur die rein biologische Existenz, es müssen daher alle möglichen Persönlichkeitsaspekte berücksichtigt werden. In Anbetracht der Tatsache, dass das politische Leben eine zentrale Stellung im menschlichen Dasein beansprucht, erheben wir die Forderung, dass auch wir mit Rechten wie mit Pflichten daran teilhaben können.

Aufgrund dieser Selbstwahrnehmung ergibt sich eine untrennbare Verbindung zwischen uns und der Welt der Politik unseres Landes. Bisher waren die Frauen abgeschnitten von der allgemeinen Öffentlichkeit außerhalb des Hauses. Und natürlich war die Politik ein völlig den Männern vorbehaltener Bereich, mit absolutem Zutrittsverbot für Frauen. Jetzt allerdings befinden wir uns in einer Zeit dramatischer Veränderungen, da die Demokratisierung sich auch in unserer Politik durchzusetzen beginnt. Es ist unausweichlich, dass man uns Frauen denselben Anteil an politischen Rechten und Pflichten zuspricht wie den Männern. Ich denke, diese unsere Einsicht kommt genau zum richtigen Zeitpunkt.

In Bezug auf die gegenwärtigen politischen Entwicklungen neige ich zu ausgesprochenem Optimismus. Die parasitären Cliquen vom Schlage der feudalen Clans, der Parteioligarchien und der Plutokraten[1] sind dem Untergang geweiht, sobald die Japaner ein demokratisches Bewusstsein entwickelt haben. Die feudalen Clans sind bereits verschwunden. Jetzt ist es an der Zeit, dass die Parteioligarchen das Feld räumen. Schon hat sich das Volk vom Aberglauben an die bisherigen Parteien abgewandt. Die Vertreter dieser Parteien dürften wohl ziemlich beunruhigt sein, wenn sie an ihre Zukunft denken.

Für den Sturz der Parteioligarchien gibt es weitere Gründe. Die Vorsitzenden, aber auch der Großteil der einflussreichen Mitglieder sind geistig allesamt vom Alter gezeichnet. Sie sind unfähig, die Geistesströmungen dieser Welt zu lesen, sie verstehen die Psyche der gegenwärtigen Menschen nicht, sie sind in ihrem Wesen weder politische Führungsfiguren noch auch wahre Volksvertreter. Man darf wohl sagen, dass es unter den gegenwärtigen Parteimitgliedern kaum eine Persönlichkeit gibt, die ihr Wissen aus dem Volk bezieht, die dessen Vertrauen genießt und wegen sittlicher Integrität hoch angesehen ist.

Alle bestehenden Parteien sind von Altersschwäche befallen. Sie träumen nur vom Eigennutz und der autokratischen Willkür vergangener Zeiten und brennen darauf, diese Zustände auch heute beizubehalten. Damit haben sie sämtliche Möglichkeiten einer Wiederbelebung in der Zukunft völlig verspielt. Unter all diesen Parteigängern ist keine jugendliche Frische, kein Enthusiasmus, keine mutige Entschlossenheit zu entdecken. Sie werden allein von der unmittelbar vor Augen stehenden politischen Machtausübung und den sie begleitenden selbstsüchtigen Ränkespielen geleitet, oder dann vom brennenden Verlangen, sich die aktuelle Position eines Ministers oder Parlamentariers zu sichern. Die heutigen Verhältnisse in den Parteioligarchien gleichen ganz und gar denjenigen am Ende der Tokugawa-Herrschaft. Diese Oligarchien werden nicht nur von äußeren Kräften – dem Selbstbewusstsein des Volkes und den weltweiten Entwicklungen – eingekreist und belagert; auch innere Missstände und völliges Unwissen über die Gegenwart werden schließlich ihren Untergang herbeiführen.

Das Problem der allgemeinen Wahlen, das Problem der Preisregulierung, die Probleme der Arbeit – all diese aktuellen Probleme der letzten Zeit müssen im Hinblick auf die schwierigen Lebensumstände des Volkes auf demokratische Weise angegangen werden. Allerdings handelt es sich dabei um nicht nur uns betreffende konkrete Probleme, sondern um große philosophische und moralische Fragen, von denen ein stabiles Zusammenleben und kulturelles Nebeneinander der gesamten Menschheit abhängen. Wäre bei den bestehenden Parteien ein Verständnis dafür vorhanden, hätten sie ihre Stellung als parasitäre Eliten, die dem Volk zur Last fallen, schon längst aufgegeben und darin die beste Gelegenheit gesehen, ihr Weiterleben für die Zukunft zu sichern – als wahre Parteien, die das Volk vertreten und es anleiten. Aber sowohl die Seiyūkai wie die Kenseikai[2] sind bereits durch langjährige Vergiftung am ganzen Körper paralysiert. Es fehlt ihnen an leidenschaftlichem Ernst, an Klugheit und an Mut für einen grundlegenden Wandel; sie sind nicht mehr fähig, sich neu zu demokratisieren.

Was für einen hässlichen Anblick der Verwirrung und Prinzipienlosigkeit gegenüber allgemeinen Wahlen bieten doch gerade jetzt die Kenseikai. Je mehr sie sich krümmen und strampeln, desto mehr beschleunigen sie ihren unaufhaltsamen Niedergang. Aber auch die Mehrheitspartei Seiyūkai kann sich meiner Ansicht nach in dieser Frage keine solche Kaltschnäuzigkeit leisten, wie sie sich nach außen hin den Anschein gibt. Das ist der direkteste Weg, wie man sich das Volk zum Feind macht. Dazu kommt noch, dass eine ganze Menge außen- wie innenpolitischer Missgriffe des Seiyūkai-Kabinetts öffentlich zutage getreten ist. Wen trifft die Schuld für die zunehmende Entfremdung zwischen China und Japan? Wer hat mehrere Hundert Millionen an Staatsvermögen für die sibirische Regierung[3] verbraucht? Wer hat siebzig Millionen Yen zugunsten der staatlichen Importreis-Politik vergeudet und das Los des ohnehin von heftigen Preissteigerungen gebeutelten Volkes noch verschlimmert? Eigentlich müsste sich die Seiyūkai insgeheim ihrer Arroganz schmerzlich bewusst werden!

Kurz gesagt, das Banner einer neuen Ära flattert, vom Volk gehisst, bereits über der Welt der Politik. Den Parteioligarchien steht dasselbe Schicksal bevor wie der Tokugawa-Herrschaft. Ich sehe eine Analogie zwischen den jüngsten Volksbewegungen, die sich als Vorreiter für das allgemeine Wahlrecht, für die Lösung der Preis- und Arbeitsprobleme starkmachen, und den Expeditionen, die sich 1868 gegen die alten Tokugawa-Kräfte bei Toba, Ueno, Aizu und Hakodate durchgesetzt haben. Gäbe es unter diesen Parteioligarchen wenigstens ein paar wenige Mitglieder mit herausragendem Verstand, welche das neue Gerechtigkeitsempfinden im Volk zu erfassen vermöchten, dann könnten sie auf die alte Weisheit eines Katsu Kaishū[4] zurückgreifen, der eine friedliche Übergabe der Burg in Edo zustande gebracht hat; und sie könnten die schmerzliche Aufgabe übernehmen, aktiv von innen her den Sturz der Oligarchie herbeizuführen. Denn es besteht kein Zweifel: Die Zeit steht bevor, da die Politik wieder in die Hände des Volkes gelegt wird. Und dann werden echte politische Parteien, solche, die diesen Namen verdienen, mit den

Händen einer jungen, unverdorbenen Generation von Männern und Frauen aus dem Volk neu errichtet.

Von jetzt an ist keine einzige Person mit japanischer Staatsbürgerschaft, ob Mann oder Frau, ein Laie in Sachen Politik unseres Landes. Politische Übung erwirbt man durch Teilnahme an der Politik. Und es gibt keinen Grund, Frauen etwa aufgrund nicht vorhandener Übung vom Teilnahmerecht auszuschließen. Man kann das Fliegen nicht lernen, ohne ein Flugzeug zu besteigen. Ich bin sehr erfreut darüber, dass nun auch progressive Kräfte in der Politik sich dazu durchgerungen haben, das zu fordern, was wir seit langen Jahren anstreben, nämlich allgemeine Wahlen, die auch das Frauenstimmrecht einschließen. Für sämtliche Lebensbereiche der Japaner ist nun schlagartig eine vielversprechende Zeit des Wandels angebrochen. Und die politischen Umwälzungen müssen im Zentrum dieses Wirbels stehen.

(Januar 1920)

1 Die japanischen Begriffe lauten hier: *hanbatsu, tōbatsu* und *zaibatsu*. Das Suffix *-batsu* bedeutet: geschlossene, exklusive Gruppe, Clique, Sippe, Seilschaft. Also: *hanbatsu* – die Clans der früheren feudalen Herrschaftsgebiete. *tōbatsu* – die exklusiven Gruppierungen der nicht demokratisch legitimierten politischen Parteien. *zaibatsu* – die Finanzcliquen/Plutokraten.

2 Seiyūkai (gegründet 1900) und Kenseikai (gegründet 1916). Die zu diesem Zeitpunkt führenden politischen Parteien.

3 Hier ist von der «Sibirischen Intervention» 1918–1922 die Rede. Eine selbstständige sibirische Regierung, die von der japanischen Regierung unterstützt wurde, konnte sich 1918 nur kurze Zeit gegen die Rote Armee behaupten.

4 Katsu Kaishū (1823–1899). Aufgrund seiner Kenntnisse des Holländischen, des westlichen Militärwesens und der Schifffahrt wurde er zu einer zentralen Figur der Meiji-Restauration 1868. Als Vermittler zwischen der Shogunatspartei und der Kaiserpartei gelang es ihm 1868, eine unblutige Übergabe der Burg und Stadt Edo/Tōkyō an die kaiserlichen Truppen zu erwirken.

Lied für das Frauenwahlrecht

– Anlässlich der Großen Kundgebung
für die Rechte der Frauen –

Wir Frauen sind Menschen gleich wie ihr
Jetzt erproben wir von Neuem unsere Kräfte
Ein Hoch ein Hoch auf dieses eine Recht zu leben!
Fest stehn wir auf dem Fundament der Politik

Zuverlässig sind wir gerade rein
Die Liebe der Frauen wollen wir auf unser Land ausweiten
Wir schultern alle Menschenpflichten werden
zu Müttern Schwestern in einer vernünftigen Welt

Diese den Männern vorbehaltene Politik des Landes
dieses dauernde Unrecht gilt es wegzuwaschen
Der Reichtum des Landes geschaffen mit dem Schweiß des Volks
soll sich in dieser hellen Welt zum Segen wandeln

Unser Fleiß unsere Liebe und unsere Anmut
wird alle Rohheit allen finsteren Hass besiegen
Dort wo die Kraft der Frauen sich entfaltet
da werden erstmals Friedenslichter leuchten

婦選の歌

Fusen no uta

—婦選大会に寄す—
与謝野晶子

– Fusen taikai ni yosu –

同じく人なる我等女性
今こそ新たに試す力
いざいざ一つの生くる権利
政治の基礎にも強く立たん

我等は堅実、正し清し
女性の愛をば国に拡む
人たるすべての義務を担ひ
賢き世の母、姉とならん

男子に偏る国の政治
久しき不正を洗ひ去らん
庶民の汗なる国の富を
明るきこの世の幸に代へん

けわしき憎みと粗野に勝つは
我等の勤労と、愛と優美
女性の力の及ぶ所
はじめて平和の光あらん

Onajiku hito naru warera josei
ima koso arata ni tamesu chikara
iza iza hitotsu no ikuru kenri
seiji no kiso ni mo tsuyoku tatan

warera wa kenjitsu, tadashi kiyoshi
josei no ai o ba kuni ni hiromu
hito taru subete no gimu o ninai
kashikoki yo no haha, ane to naran

danshi ni katayoru kuni no seiji
hisashiki fusei o araisaran
shomin no ase naru kuni no tomi o
akaruki kono yo no sachi ni kaen

kewashiki nikumi to soya ni katsu wa
warera no kinrō to, ai to yūbi
josei no chikara no oyobu tokoro
hajimete heiwa no hikari aran

IV.

Pandemie: Spanische Grippe 1918–1920

Aus der Grippestation

Die jüngste Grippewelle sei auf dem ganzen Globus auf dem Vormarsch, so wird berichtet. Als Folge verbesserter Verkehrsverbindungen hat sich also sogar die Grippe zu einem weltweiten Phänomen entwickelt.

Das außergewöhnliche Ansteckungspotenzial dieser Grippe ist in der Tat erstaunlich. Auch bei uns zu Hause infizierte sich die ganze Familie nach und nach, kaum hatte sich ein Kind in der Grundschule angesteckt. Einzig die zwei Knaben, die diesen Sommer am Meer von Bizen zugebracht haben, blieben bis heute verschont. Beeindruckend, welche herausragende Schutzfunktion das Baden im Meer offenbar haben kann.

In Tōkyō wie in Ōsaka führt die Grippe zu akuter Lungenentzündung und zum Tod vieler Menschen. Das lässt sich schon aus der Zunahme der Todesanzeigen in den Zeitungen ablesen. Auch die Literatenwelt hat, verursacht durch die Grippe, einen großen Verlust zu beklagen: den plötzlichen Tod von Shimamura Hōgetsu[I].

«Erst wenn man den Dieb gesehen hat, einen Strick drehen!» Diese Art Opportunismus der Japaner tritt auch hier zutage. Erst nachdem sich in sämtlichen Kindergärten, Grundschulen und Frauenschulen siebzig bis achtzig Prozent der Schülerinnen und Schüler angesteckt hatten, hielt man Konferenzen ab und entschied die Schließung für einige Tage. Allen Schulen sind zwar Schulärzte zugeteilt, doch waren die hygienischen Schutz- und Sofortmaßnahmen völlig ungenügend und unangemessen. In gleicher Weise wie sich die besitzende Klasse nicht um die vom plötzlichen rasanten Preisanstieg ausgelösten Nöte der Menschen kümmerte, bis es zu den Reisunruhen[2] kam, in gleicher Weise auch wie man in Erziehungskreisen die Gefahren von Bergbesteigungen ohne wissenschaftlich durchdachte Regeln nicht erkennen wollte, bis Studenten den Erfrierungstod starben – in derselben Weise zeugt auch der vorliegende Fall vom Opportunismus und von der Kurzsichtigkeit, zu der die Japaner allgemein neigen.

Zur Zeit der Reisunruhen war es in den größeren Städten verboten, sich in Gruppen von über fünf Leuten zu treffen und fortzubewegen. Der Schaden, den die ungemein ansteckende Grippe verursacht, unterscheidet sich allerdings vom vorübergehenden, lokal begrenzten Schaden der Reisunruhen. Er beraubt unmittelbar eine große Anzahl von Menschen der Gesundheit und Arbeitsfähigkeit. Warum hat die Regierung zum Schutz vor dieser Gefahr nicht ganz schnell überall, wo sich zahlreiche Menschen drängen, eine vorübergehende Schließung verordnet: in großen Kleidergeschäften, in Schulen und Fabrikhallen, bei öffentlichen Veranstaltungen, bedeutenden Ausstellungen und so weiter? Auf der anderen Seite hat die Hygieneabteilung des Polizeipräsidiums in den Zeitungen die Warnung veröffentlicht, man möge sich in dieser Situation möglichst von Orten mit größeren Menschansammlungen fernhalten; auch die Schulärzte haben die Kinder in derselben Weise instruiert. Da es in den öffentlichen Institutionen an einheitlichem Vorgehen und Gründlichkeit mangelt, ist nicht abzusehen, wie viel Unheil, das man hätte vermeiden können, vom Volk noch zu ertragen sein wird.

Diese Grippe führt rasch zu hohem Fieber, und wenn man dem Fieber seinen Lauf lässt, folgt bald eine Lungenentzündung. Deshalb hält man es für notwendig, mit Medikamenten die Fortdauer des Fiebers zu stoppen. Jedoch sehen sich die meisten niedergelassenen Ärzte der hohen Kosten wegen nicht in der Lage, die wirksamsten Medikamente zur Fiebersenkung – vor allem Migrenin und Pyramidon – zu verschreiben. In Japan hergestelltes Aspirin, das leicht den Magen angreift, ist das Höchste, was man sich leisten kann. Die Angehörigen der unteren Gesellschaftsschichten behelfen sich mit rezeptfreien Fiebermitteln. Unter solchen Umständen gibt es für die Patienten keine rasche Heilung, und die Grippewelle wird sich wohl nur noch heftiger ausbreiten. Meiner Meinung nach wäre es angezeigt, dass sich alle staatlichen, öffentlichen und privaten Gesundheitseinrichtungen sowie die Klasse der Reichen zusammentun und als Notmaßnahme den Betroffenen aus der Mittel- und Unterschicht die Medikamente Migrenin und Pyramidon verbilligt abgeben, so wie das bei der vergünstigten Abgabe von Reis (bei den Reisunruhen) geschehen ist. Gleichheit hat nicht erst mit Rousseau angefangen. Schon Konfuzius hat den Satz geprägt: «Nicht Armut ist zu beklagen, sondern Ungleichheit.» Und auch in der Schrift Liezi[3] steht: «Gleichheit ist das höchste Vernunftprinzip.» Vom Standpunkt eines neuen, heutigen Ethikbewusstseins aus gesehen ist es daher ohne Zweifel unvernünftig, wenn Menschen, die zusammen mit andern ein gesellschaftliches Dasein fristen, allein aus Armut, also aus materiellen Gründen, keinen Zugang zu den wirksamsten Medikamenten haben und deshalb mehr als andere leiden oder gar ihr Leben in Gefahr sehen. […]

(Geschrieben am 7. November 1918)

Anmerkung des Übersetzers
Der Artikel besteht aus zwei deutlich voneinander abgesetzten Teilen. Die vorstehende Übersetzung beschränkt sich auf die erste Hälfte. (Die zweite Hälfte thematisiert das Ende des Ersten Weltkriegs.) Aus aktuellem Anlass wurde dieser Text 2020 in Japan «ausgegraben» und breit rezipiert. Es heißt, die vor hundert Jahren grassierende Spanische Grippe (1918–1920) habe in Japan zu 500 000 Toten und 23 000 000 Ansteckungen geführt.

1 Shimamura Hōgetsu (1871–1918). Schriftsteller, Literaturkritiker und Förderer des Theaters im westlichen Stil (Shingeki). Er setzte sich vehement für die Gleichberechtigung der Frauen ein.

2 In Japan kam es zwischen Juli und September 1918 zu den sogenannten Reisunruhen (jap. *kome sōdō*). Millionen Menschen protestierten auf den Straßen gegen Hungerlöhne und teils durch Inflation nach dem Ersten Weltkrieg, teils durch Spekulation erhöhte Preise für Konsumgüter, besonders für Reis. Die Unruhen zwangen das Terauchi-Kabinett am 29.9.1918 zum Rücktritt.

3 Liezi (auch Liä Dsi). Chinesischer Philosoph um 450 v. Chr. Er soll das gleichnamige Werk (siehe *Liä Dsi. Das wahre Buch vom quellenden Urgrund*, Düsseldorf/Köln 1967, übersetzt von Richard Wilhelm) verfasst haben.

Angst vor dem Tod

Da wir mit ansehen müssen, wie die bösartige Grippe zurzeit wütet und bislang gesunde Menschen in fünf bis sieben Tagen nach Ausbruch der Krankheit dahinrafft, kommen auch wir, die wir für gewöhnlich unsere Tage mit der Frage «Wie sollen wir leben?» zubringen, nicht umhin, gleich den Buddhisten die Vergänglichkeit zu bedenken und die plötzliche Angst vor dem Tod in Gedanken zuzulassen. Wir Geistesarbeiter haben infolge rasanter Preissteigerungen in den letzten vier, fünf Jahren unter mangelhafter Ernährung gelitten und konnten uns nur mit Mühe davor bewahren, am Hungertuch zu nagen. Jetzt aber drängt sich noch viel stärker das Gefühl in den Vordergrund, von einer todbringenden Gefahr bedroht zu sein.

Der Tod ist ein riesengroßes Fragezeichen. Im Angesicht des Todes wirkt alles leer. Alles Gute und Böse, alle Wechselfälle des Lebens verlieren in seiner Gegenwart ihre Bedeutung. Die Werte des menschlichen Daseins sind nur insofern von Belang, als wir noch nicht den Händen des Todes überantwortet sind. Bedenkt man dies, wird man plötzlich gewahr, dass man nicht das geringste Wissen über den Tod besitzt und kein einziges Wort hinzuzufügen hat. Der Tod ist – analog zu den unendlichen Weiten jenseits des Firmaments – das Geheimnis einer anderen Welt, unerreichbar für unseren Verstand.

Man könnte auch sagen: Wenn die Wechselbeziehungen von Gut und Schlecht, Recht und Unrecht, Leiden und Freuden das «Leben» ausmachen, dann ist der «Tod» die Welt des absolut Unteilbaren, das über all diese Unterscheidungen hinausgeht. So gesehen kann der «Tod» auch als absolute Ruhe verstanden werden.

Wenn man zudem bedenkt, dass alles Existierende sich in unausgesetztem Wandel befindet, dass es nichts gibt, was als Einzelnes Bestand hat, aber auch nichts, was als Einzelnes untergeht, dann begreift man intuitiv, dass auch Leben und Tod nur die zwei Seiten ein und desselben Sachverhalts sind. In diesem Sinn drängt sich der Schluss auf, dass das Absolute im Relativen wie auch das Unterschiedene im Gleichen enthalten ist. Was in Bezug auf das Leben erfreulich ist, ist es auch in Bezug auf den Tod, was in Bezug auf den Tod schmerzlich ist, ist es auch in Bezug auf das Leben. Oder noch besser: Die Verflechtungen von Leid und Freude sind Inbegriff des absoluten Seins.

Meine eigene Erfahrung lehrt mich, dass diese dritte Bewusstseinsebene die aktuelle Angst vor dem Tod in hohem Maße lindert. Auch ich ängstige mich ohne

Zweifel, aber nicht so sehr weil mein Untergang als Individuum mich reuen würde. Vielmehr möchte ich, weil ich das Unglück meiner Kinder vor Augen habe, das durch mein Ableben verursacht würde, möglichst lange leben und weise angesichts dieses Verlangens den Tod von mir. In der Welt des Absoluten gibt es keinen Grund, den Tod zu fürchten. Erst wenn sich der Lebenswille dagegen aufbäumt, flößt der Tod Angst ein.

Die Angst vor dem Tod wird auch dadurch geschürt, dass man ständig eine Antwort auf die Frage anstrebt: «Wie soll ich leben?» Wer die Begierde zu leben aufgibt, dem wird sich die Welt der absoluten Ruhe enthüllen. Der absolute Tod gibt keinen Anlass zur Angst. Man fürchtet den Tod nur in Relation zu anderem.

Jetzt, in Zeiten dieser lebensbedrohenden Epidemie, trachte ich vor allem danach, «mein Bestes zu geben und alles andere dem Himmel anheimzustellen»[1]. «Seine Pflicht tun» oder «sein Bestes geben», das muss das Ziel des Lebens sein. Es wäre zum Beispiel Dummheit, Nachlässigkeit oder auch Feigheit – ganz einfach eine unsagbar jämmerliche Haltung –, wenn man nicht sämtliche Vorbeuge- und Schutzmaßnahmen ergriffe und sich durch Ansteckung leichtsinnig den Fängen des Todes auslieferte. Nicht alle Möglichkeiten menschlicher Kunstfertigkeit bei der Vorbeugung und Heilung auszuschöpfen und sich der meuchelmörderischen Grippeepidemie zu unterwerfen, das ist unverzeihlich!

Jetzt sind wir vom Tod umzingelt. Allein in Tōkyō und Yokohama werden täglich vierhundert Todesfälle gezählt. Wer weiß, morgen gehören vielleicht auch wir zu den unglücklichen Opfern. Wir sollten bis zuletzt die Fahne des Lebens hochhalten und die Klugheit aufbringen, uns gegen dieses unnatürliche Sterben zu schützen. Es gibt offenbar in der Welt eine große Zahl von Leuten, die erklären, dass sie sich nicht impfen lassen wollen. Mich schaudert es angesichts der unwürdigen Haltung dieser Leute gegenüber dem Leben. Es gibt nichts Barbarischeres, als das eigene Leben leichtfertig aufs Spiel zu setzen.

Wir unternehmen in unserem Umkreis alles Mögliche, indem wir uns als ganze Familie wiederholt impfen ließen, indem wir überdies immer Mundspülmittel verwenden und auch einige Kinder nicht zur Schule schicken. Falls man trotz solcher Vorkehrungen von der Krankheit befallen würde und stürbe, müsste man sich ja wohl oder übel mit diesem Schicksal abfinden. Glücklicherweise ist bei uns zu Hause bisher niemand schwer erkrankt. Aber wer weiß, ob nicht morgen ich selbst oder sonst jemand betroffen sein wird. Die Hinfälligkeit des Menschen angesichts des Todes wird einem gerade jetzt so richtig vor Augen geführt. Nur in der Welt des «Lebendigen» kann der Mensch großartig auftrumpfen.

Schon vor einigen Jahren, als mich im Wochenbett der Tod schreckte, und auch jetzt wieder in dieser Grippewelle spürte ich, wie sich mein Lebenswille vertiefte, nicht so sehr in Bezug auf mich als Individuum, vielmehr aus Fürsorge für die Kinder. Der Gedanke drängt sich auf, dass für die Intensität und Färbung des menschlichen Lebenswillens Elternschaft einen großen Unterschied macht. Solange menschliche Liebe bei der Liebe zum eigenen Ich stehen bleibt, ist sie simpel und von einer gewissen Verantwortungslosigkeit geprägt. Sobald sie sich hingegen auf die Nachkommenschaft und von da aus auf die ganze Menschheit erstreckt, wird sie komplex und weitet sich gleichzeitig zur Verantwortung für den gesellschaftlichen Zusammenhalt.

Ich hoffe von Herzen, dass diese Zeit der Grippeepidemie bald ein Ende findet, sodass alle Menschen wie zuvor ohne Sorge um ihre körperliche Unversehrtheit wieder nachdenken und arbeiten können.

(Geschrieben am 23. Januar 1920)

1 Ein in Japan populäres Sprichwort, das zurückgeht auf den chines. Gelehrten und Vertreter des Konfuzianismus Hu Yin (jap. Ko In gelesen; 1098–1156).

Textnachweise

Mein literarisches Leben *(Jibun no bungakuteki seikatsu)*
Erstabdruck in der Zeitschrift *Joshi bundan*, Januar 1912. Aufnahme in den Essayband *Zakkichō* (Notizenheft), Mai 1915, unter dem leicht abgeänderten, aber gleichbedeutenden Titel *Watakushi no bungakuteki seikatsu*. Gesamtausgabe *(TYAZ)* Bd. 14, S. 353–357.

Aufzeichnungen aus dem Wochenbett *(Sanjoku no ki)*
Erstabdruck in der Zeitschrift *Jogaku sekai,* April 1911. Aufnahme in Yosano Akikos ersten Essayband *Ichigū yori* (Aus einer Ecke), Verlag Kanao Bunendō, Juli 1911. Gesamtausgabe *(TYAZ)* Bd. 14, S. 90–99.

Männer und Frauen *(Otoko to onna)*
Die Frage nach der Zeit der Niederschrift und Erstveröffentlichung wurde erst 2010 geklärt. Vgl. Iwasaki Kimiko. «Yosano Akiko no hyōronshū *Zakkichō* ni okeru *Otoko to onna* no shoshusshi ni tsuite.» *Ningen bunka kenkyūka nenpō* (Nara joshi daigaku) No. 25. 31.3.2010. p. 335–344. (*Annual reports of Graduate School of Humanities and Sciences.* Nara Womens University).
Danach stand in der Dezembernummer 1911 der Frauenzeitschrift *Fujin no kagami* eine erste Fassung unter dem Titel *Danjo no betsunaki shōrai.* (Eine Zukunft ohne Unterschiede zwischen Männern und Frauen). Der Text wurde erst vier Jahre später in leicht überarbeiteter Form unter dem vorstehenden Titel in die Essaysammlung *Zakkichō (*Notizenheft*)*, Mai 1915, aufgenommen. Gesamtausgabe (*TYAZ*) Bd. 14, S. 336–344.

Die essenzielle Gleichheit von Mann und Frau ***(Danjo no honshitsuteki byōdōkan)***
Erstabdruck in der Zeitschrift *Taiyō*, August 1916. Aufnahme in den Essayband *Warera nani o motomuru ka* (Was wir verlangen), Januar 1917.
Gesamtausgabe *(TYAZ)* Bd. 15, S. 265–269.

Frauen und Politik ***(Fujin to seiji)***
Erstabdruck in der Zeitschrift *Taiyō,* Juni 1915. Aufnahme in den Essayband *Hito oyobi onna to shite* (Als Mensch und als Frau), 1916.
Gesamtausgabe *(TYAZ)* Bd. 15, S. 40–43.

Wechselt immer wieder die Regierung aus! ***(Seihen o kasane yo)***
Erstabdruck in der Zeitschrift *Jogaku sekai*, November 1916. Aufnahme in den Essayband *Warera nani o motomuru ka*, Januar 1917.
Gesamtausgabe *(TYAZ)* Bd. 15, S. 451.

Die japanische Politik aus der Perspektive der Frauen ***(Fujin yori mitaru Nihon no seiji)***
Erstabdruck in der Zeitschrift *Taiyō,* Februar 1917. Aufnahme in den Band *Ai, risei oyobi yūki* (Liebe, Vernunft und Mut), Verlag Oranda shobō, Oktober 1917.
Gesamtausgabe *(TYAZ)* Bd. 16, S. 79–86.

Meine Überlegungen zur Demokratie ***(Demokurashī ni tsuite watashi no kōsatsu)***
Erstabdruck in der Zeitschrift *Taiyō,* April 1919. Aufnahme in den Essayband *Gekidō no naka o yuku* (Voranschreiten in einer Zeit heftiger Bewegung), August 1919.
Gesamtausgabe *(TYAZ)* Bd. 17, S. 223–230.

Ich fordere die Demokratisierung der Erziehung ***(Kyōiku no minshushugika o yōkyū suru)***
Erstabdruck in der Zeitschrift *Chūō kōron*, Mai 1919. Aufnahme in den Essayband *Gekidō no naka o yuku* (Voranschreiten in einer Zeit heftiger Bewegung), August 1919.
Gesamtausgabe *(TYAZ)* Bd. 17, S. 242–248.

Die politischen Verhältnisse unseres Landes aus dem Blickwinkel der Frauen betrachtet *(Fujin yori mitaru waga kuni no seikai)*
Für diesen Text wird kein Erstabdruck in einer Zeitschrift vermerkt. Aufnahme in den Essayband *Nyonin sōzō* (Frauenkreativität), Verlag Hakusuisha, Mai 1920, S. 33–37.
Gesamtausgabe *(TYAZ)* Bd. 17, S. 394–397.

Lied für das Frauenwahlrecht. Anlässlich der Großen Kundgebung für die Rechte der Frauen *(Fusen no uta – Fusen taikai ni yosu)*
Der Text ist überliefert in: Ichikawa Fusae. *Ichikawa Fusae jiden, senzen hen*. Shinjuku shobō 1974. Akiko verfasste den Liedtext auf Bitten der Organisatorinnen der Ersten Nationalen Kundgebung für die Rechte der Frauen (*Dai ikkai zen Nihon fusen taikai*) im April 1930. Er wurde vom damals bekanntesten Komponisten Japans, Yamada Kōsaku, vertont, ausdrücklich ohne Honorarforderung.
Siehe auch: Dodane, Claire. *Yosano Akiko – Poète de la passion et figure de proue du féminisme japonais*. Publicatons orientalistes de France, Paris 2000. S. 260–61. (Text in Umschrift und frz. Übersetzung).

Aus der Grippestation *(Kanbō no toko kara)*
Erstabdruck in der Zeitung *Yokohama bōeki shinpō*, 10.11.1918. Die Autorin hat den Text nicht in ihre Sammlungen aufgenommen. Er steht auch nicht in der Gesamtausgabe. Greifbar im Internet unter: https://blog.goo.ne.jp/kcaravaggio/e/3efa2d615ab1e5f9ec9c04 8098fd7d4d
sowie als Faksimile unter: https://www.city.sakai.lg.jp/shisei/koho/hodo/hodoteikyoshiryo/kakohodo/teikyoshiryo_r2/teikyoshiryo_r0212/021224_01.files/1224_01.pdf

Angst vor dem Tod *(Shi no kyōfu)*
Erstabdruck in der Zeitung *Yokohama bōeki shinpō*, 25. Januar 1920. Als Faksimile unter: https://www.city.sakai.lg.jp/shisei/koho/hodo/hodoteikyoshiryo/kakohodo/teikyoshiryo_r2/teikyoshiryo_r0212/021224_01.files/1224_01.pdf
Aufgenommen in den Band *Nyonin sōzō* (Frauen-Kreativität), Mai 1920, S. 138–142. Im Internet abrufbar unter: https://dl.ndl.go.jp/info:ndljp/pid/961742. Gesamtausgabe *(TYAZ)* Bd. 17, S. 491–494.

Biografische Chronik

[Vorbemerkung: Anders als bei uns ist es in Japan üblich, auf bekannte Literatinnen und Literaten, ganz besonders im Bereich des Tanka und Haiku, mit ihrem persönlichen Namen, nicht mit dem Familiennamen Bezug zu nehmen. Hier also: Akiko.]

1878, 7. **Dezember.** Geburt in Sakai, einer kleinen Hafenstadt südlich von Ōsaka, als Tochter von Hō Sōshichi, Besitzer der führenden Konditorei für traditionelle japanische Süßigkeiten («Surugaya») und seiner zweiten Frau Tsune. Persönlicher Name: Shō. Laut Familienregister heißt sie also Hō Shō. (Da das Schriftzeichen für den Familiennamen Hō auch Ōtori gelesen werden kann, begegnet man gelegentlich der Namenlesung Ōtori Shō.) Erst Jahre später nimmt sie den Namen Akiko an. Sie hat zwei ältere Halbschwestern, Hō Teru und Hō Hana, sowie einen älteren Bruder, Hō Hidetarō (der später als Elektroingenieur und Professor berühmt wird). Bald nach der Geburt wird sie in die Obhut einer Tante gegeben.

1880. Nach der Geburt des jüngeren Bruders Hō Chūzaburō wird sie im August 1880 in die Familie zurückgeholt.

1882. Der bildungsbeflissene Vater schreibt sie bereits mit drei Jahren in der Primarschule ein. Doch das Kind ist zu jung und weigert sich, hinzugehen.

1884. Schuleintritt.

1886/87. Beginn des Unterrichts in traditionellen Frauenkünsten (*koto, shamisen*, Tanz) sowie in chinesischen Klassikern in der Privatschule Higuchi Shuyō.

1888. Abschluss der Primarschule und Übertritt in die neu gegründete Sakai-Frauenschule, die vor allem praktische Fertigkeiten vermittelt.

1889. Akiko beginnt, im Familiengeschäft mitzuarbeiten. Sie vertieft sich nebenher in die klassischen Werke (z.B. das *Genji-monogatari*) aus der Bibliothek ihres Vaters.

1891. Abschluss des dreijährigen Kurses der Sakai-Frauenschule. Danach besucht sie dort weitere Kurse. Sie beginnt u.a. durch den Einfluss ihres älteren Bruders Hidetarō, der in Tōkyō studiert, Literaturzeitschriften und neuere literarische Werke (wie Erzählungen von Higuchi Ichiyō) zu lesen. Ihre erstaunliche Bildung und Kenntnis klassischer Schriften eignet sie sich weitgehend im Selbststudium an.

1894. Akiko verlässt die Frauenschule, muss mehr und mehr Verantwortung im elterlichen Geschäft übernehmen, bildet sich jedoch nebenbei durch intensive Lektüre weiter. Auch die Bibel gehörte dazu, wie spätere Anspielungen in ihren Gedichten bezeugen.

1895–97. Sie wird Mitglied in literarischen Vereinigungen, u.a. bei «Sakai Shikishima-kai» (Tanka-Poesie-Verein der Stadt Sakai). Erste Veröffentlichungen von Tanka unter dem Namen Akiko.

1898. Sie lässt sich von neuartigen Tanka des in diesen Jahren führenden Dichters Yosano Tekkan inspirieren, die sie in der Zeitung *Yomiuri* vom 10. April entdeckt.

1899. Sie veröffentlicht erstmals ein Gedicht in freien Versen nach westlichem Stil, unter dem Namen Hō Shōshū.

1900. Im August erste Begegnung mit dem ursprünglich aus Kyōto stammenden Yosano Tekkan (eig. Hiroshi, 1873–1935) anlässlich eines Literatentreffens. Tekkan hat im Jahr zuvor in Tōkyō den Literatenkreis «Shinshi-sha» (Verein Neue Poesie), der den japanischen

Romantizismus repräsentiert, sowie im April 1900 die Zeitschrift *Myōjō* (Morgenstern) gegründet. Akiko ist dem Kreis bereits beigetreten. Ihre Tanka erscheinen von nun an regelmäßig in *Myōjō*. Im November erneutes Treffen Tekkans mit Akiko und ihrer Freundin Yamakawa Tomiko, ebenfalls einer jungen Dichterin. Beide sind in Tekkan verliebt. Tomiko zieht sich jedoch in eine von den Eltern arrangierte Ehe zurück.

1901, Januar. Akiko und Tekkan verbringen ihre ersten gemeinsamen Tage in Kyōto. Tekkan trennt sich von seiner zweiten Frau, und im Juni verlässt Akiko überstürzt ihr Elternhaus, um in Tōkyō mit Tekkan zusammenzuleben. Er lässt sich scheiden und heiratet Akiko im Herbst. Diese für die damalige Gesellschaft skandalösen Vorgänge erregen gewaltiges Aufsehen. Sie führen zu Anfeindungen, wirken aber auch als Fanal für die individuelle Befreiung aus patriarchalischen und feudalistischen Verhältnissen. Die erste und berühmteste Tanka-Sammlung Akikos, *Midaregami* (Wirres Haar), erscheint im August. Sie ist stark autobiografisch geprägt.

1902. Im Januar besucht Akiko ihre Familie in Sakai. Zur selben Zeit erfolgt ihre Eintragung ins Familienregister der Yosano. Geburt des ersten Sohnes Hikaru im November.

1903. Im Mai besucht Akiko mit dem Neugeborenen ihre Familie. Im September stirbt ihr Vater Sōshichi.

1904. Akikos zweites Tanka-Buch, *Koōgi* (Kleiner Fächer), und die mit Tekkan zusammen herausgegebene dritte Tanka-Sammlung *Dokugusa* (Giftiges Kraut) erscheinen. Im September druckt die Zeitschrift *Myōjō* Akikos berühmtes Antikriegsgedicht *Kimi shinitamō koto nakare* (Bruder, du darfst nicht sterben!), das erneut heftige Kritik zur Folge hat. (Dt. Übersetzung siehe Literaturhinweise.) Im Juli Geburt des zweiten Sohnes Shigeru.

1905. Vierte Tanka-Sammlung *Koigoromo* (Liebesgewand), zusammen mit Yamakawa Tomiko und Masuda Masako.

1906. Fünfte und sechste Tanka-Sammlung *Maihime* (Tänzerin) und *Yume no hana* (Traumblüten).

1907. Tod von Akikos Mutter Tsune. Im März Geburt der Zwillingstöchter Yatsuo und Nanase. Akiko gibt erstmals Kurse zu japanischen Klassikern.

1908. Herausgabe eines Kinderbuchs. Siebte Tanka-Sammlung *Tokonatsu* (Wilde Nelken). Der Naturalismus beherrscht jetzt die literarische Welt, und der romantische Literatenkreis «Shinshi-sha» zerfällt. Die Zeitschrift *Myōjō* stellt mit der hundertsten Nummer ihr Erscheinen ein. Damit verliert Tekkan sein wichtigstes Betätigungsfeld, was in den folgenden Jahren zu Depressionen beiträgt. Auch die Ehe leidet in Folge unter Spannungen.

1909. Frühere Mitglieder der «Shinshi-sha» gründen die Zeitschrift *Subaru* (Plejaden). Tekkan ist nur noch am Rande beteiligt. Akiko beginnt, in verschiedenen Zeitungen und (Frauen-)Zeitschriften essayistische Prosatexte zu publizieren. Im März Geburt des dritten Sohnes Rin. In unmittelbarem Zusammenhang damit erscheint eine der ersten Prosareflexionen Akikos, *Ubuya monogatari* (Erzählung aus der Gebärhütte), in vier Teilen in der Zeitung *Tōkyō niroku shinbun* (17.–20. März). Achte Tanka-Sammlung *Saohime* (Name einer Frühlingsgottheit) im Mai. Akiko hält im privaten Rahmen Vorlesungen über das *Genji monogatari.*

1910. Geburt der dritten Tochter Sahoko. Publikation eines Kinderbuches. Mehr und mehr essayistische Texte erscheinen in Zeitungen und Zeitschriften.

1911. Neunte Tanka-Sammlung *Shundei-shū* (Schlamm des Frühlings). Im Februar Geburt von Zwillingen, wobei das eine Kind tot zur Welt kommt und nur Uchiko als nunmehr vierte Tochter überlebt. (Siehe dazu den Text *Aufzeichnungen aus dem Wochenbett* im vorliegenden Band.) Im Juli erscheint der erste Band mit gesammelten Essays der zurückliegenden zwei Jahre: *Ichigū yori* (Aus einer Ecke). Gründung der feministischen Zeitschrift *Seitō* (Blaustrumpf) durch etwas jüngere Aktivistinnen wie Hiratsuka Raichō; für die erste Nummer verfasst Akiko den Gedichtzyklus *Sozorogoto*, der mit dem Vers beginnt: «*Yama no ugoku hi kitaru* – Der Tag ist gekommen, da sich die Berge bewegen» (dt. Übersetzung siehe Literaturhinweise). Im Sommer kalligrafiert sie ihre Tanka auf Goldpapier, um sie teuer zu verkaufen und damit Geld für die Europareise ihres Mannes zu beschaffen. Unterstützung erhält das Ehepaar u.a. durch Vermittlung des damals führenden Literaten Mori Ōgai. Weitere Einnahmen durch Vorschüsse für Texte, die erst noch geschrieben werden müssen. Tekkan reist im November ab.

1912. Die zehnte Tanka-Sammlung *Seigaiha* (Blaue Meereswogen) erscheint. Publikation des ersten Bandes *Shinyaku Genji monogatari* (Übersetzung des *Genji* ins moderne Japanisch). Im Mai erscheint Akikos einziger Band mit Kurzerzählungen *Kumo no iroiro* (Wolken verschiedenster Färbung). Am 5. Mai Abreise aus Tōkyō, über Wladiwostok und die transsibirische Route nach Paris. Ankunft am 19. Mai. Wiedersehen mit Tekkan. Treffen u.a. mit dem Bildhauer Auguste Rodin. Gemeinsame Reisen nach Belgien und Holland, nach London, Berlin, Wien. Während ihrer Abwesenheit betreut Tekkans jüngere Schwester die Kinder. Akiko sehnt sich nach den Kindern zurück. Im Oktober tritt sie mit dem Schiff allein die Rückreise an.

1913. Auch Tekkan kehrt im Januar nach Japan zurück. Im April Geburt des vierten Sohnes, der den französischen Namen Auguste erhält (in Erinnerung an Rodin). Von Juni bis September erscheint in der *Tōkyō Asahi Shinbun* Akikos einziger Roman, *Akarumi e* (Zum Licht hin), der deutlich autobiografische Züge trägt.

1914. Elfte Tanka-Sammlung *Natsu yori aki e* (Vom Sommer bis in den Herbst). Es sind vor allem Gedichte über den Europaaufenthalt von 1912. Tekkans depressiver Zustand verschlechtert sich erneut. Es kommt zur vorübergehenden Trennung.

1915. Im März Geburt der fünften Tochter, die den französischen Namen Hélène erhält. Zwölfte Tanka-Sammlung *Sakurasō* (Schlüsselblumen). Akikos literarische Aktivitäten weiten sich in diesen Jahren mehr und mehr aus. Gedichte im westlichen Stil, Kinderbücher, publizistische bzw. journalistische Arbeiten, die im Mai im zweiten

Essayband *Zakkichō* (Notizheft) zusammengefasst werden. Daneben Übersetzung, Kommentierung und Herausgabe von klassischen Werken der Heian-Zeit, z. T. in Zusammenarbeit mit Tekkan. Es ist aber vor allem Akiko, die durch ihre Publikationstätigkeit den Unterhalt der Familie sicherstellt. Im Dezember erscheint die Abhandlung *Uta no tsukuriyō* (Wie man Tanka verfasst). Tekkan beschließt, in seinem Herkunftsort Kyōto für die Parlamentswahlen zu kandidieren. Im Mai 1915 Wahlkampftour daselbst; Akiko begleitet ihn teilweise, um ihn zu unterstützen sowie die Frauen zum Eintreten für ihre eigenen Rechte zu animieren. Tekkan bleibt der Erfolg versagt.

1916. Dreizehnte Tanka-Sammlung *Shuyō-shū* (Sammlung Rote Herbstblätter). Im März Geburt des fünften Sohnes Takeshi. Herausgabe eines Tanka-Kommentars sowie des dritten Essaybandes *Hito oyobi onna toshite* (Als Mensch und als Frau). Vierzehnte Tanka-Sammlung, die auch Gedichte im westlichen Stil enthält: *Maigoromo* (Tanzgewand). Weitere Klassikerübersetzungen. Kontroverse mit Hiratsuka Raichō von der feministischen *Blaustrumpf*-Bewegung über die Bedeutung der Mutterschaft. In diesem und den folgenden Jahren finanzielle Schwierigkeiten aufgrund steigender Preise.

1917. Fünfzehnte Tanka-Sammlung *Akiko shinshū* (Akikos neue Sammlung). Vierter und fünfter Essayband: *Warera nani o motomuru ka* (Was wir fordern) und *Ai, risei oyobi yūki* (Liebe, Vernunft und Mut). Im Oktober Geburt eines sechsten Sohnes, der aber nach zwei Tagen stirbt.

1918. Sechster Essayband *Wakaki tomo e* (An meine jungen Freunde). Die Kontroverse mit den Vertreterinnen der *Blaustrumpf*-Bewegung über staatlichen Mutterschutz bzw. Unterstützung (Bosei hogo ronsō) erreicht ihren Höhepunkt. Weltweiter Ausbruch der Spanischen Grippe (dauert bis 1920). Auch Akikos Familie ist betroffen. (Siehe die beiden Essays in der vorliegenden Sammlung.)

1919. Siebter und achter Essay-Band *Shintō zassō* (Allerhand Herzensangelegenheiten) und *Gekidō no naka o yuku* (Vorwärts durch unruhige Zeiten). Sechzehnte Tanka-Sammlung *Hi no tori* (Feuervogel). Zentrale Artikel über Demokratie und Frauenrechte. Geburt der sechsten Tochter Fujiko. Tekkan erhält eine Professur an der Keiō-Universität und kann endlich wieder substanziell zum Unterhalt der Familie beitragen. Akiko tritt auf Einladung als einzige Frau dem *Reimeikai* (Verein der Morgendämmerung; 1918–20) bei, einem Gelehrtenzirkel um Yoshino Sakuzō, der sich die Verbreitung demokratischen Gedankenguts im Rahmen der Taishō-Demokratiebewegung zum Ziel setzt. Jedem direkten persönlichen Aktivismus abhold, nimmt sie zwar nie an den Zusammenkünften teil, vertritt in ihren Schriften die Ziele jedoch mit großem Engagement.

1920. Neunter Essayband *Nyonin sōzō* (Frauenkreativität). Die Tanka-Sammlung *Seigaiha* (1912) erscheint, als erste Publikation in einer westlichen Sprache, in italienischer Übersetzung in Neapel unter dem Titel *Onde del Mare Azzurro*.

1921. Siebzehnte Tanka-Sammlung *Taiyō to bara* (Sonne und Rosen). Zehnter Essayband *Ningen reihai* (Verehrung des Menschlichen). Zusammen mit Nishimura Isaku Gründung der höheren Privatschule Bunka gakuin. Besonderheiten: sehr beschränkte Studentenzahl, Betonung der Kunstfächer und Fremdsprachen. Erste Schule mit Koedukation und völliger Gleichstellung der Geschlechter in Japan. Akiko prägt die Formel: «*Kanzen no kojin o tsukuru koto ga yuiitsu no mokuteki* – Einziges Ziel ist die Erziehung zum vollkommenen Individuum.» Akiko und Tekkan wirken in der Schulleitung und als Dozenten mit. Im November wird die Zeitschrift *Myōjō* wieder ins Leben gerufen; sie erscheint bis 1927.

1922. Achtzehnte Tanka-Sammlung *Kusa no yume* (Grasträume). Übersetzung des Klassikers *Tsurezuregusa* ins moderne Japanische. In *Myōjō* erscheinen 28 Tanka zum Tod des großen Freundes und Förderers Mori Ōgai.

1923–1942. Während des großen Kantō-Erdbebens im September 1923 fällt die Schule Bunka gakuin einem Brand zum Opfer. Dabei geht ein tausendseitiges Manuskript von Akikos neuer Übersetzung des *Genji monogatari* verloren, an der sie zehn Jahre gearbeitet hat und die bald hätte veröffentlicht werden sollen. Akiko und Tekkan sind als Schriftsteller und Kulturträger fest etabliert. Ihre Publikationstätigkeit – auch viel Gemeinsames – setzt sich im bisherigen Rahmen fort. Von Akiko kommen laufend neue Tanka-Sammlungen heraus, aber auch mehr und mehr Neuauflagen früherer Werke sowie Anthologien. Es entstehen fünf weitere Essaybände. 1933–34 erscheint die erste Gesamtausgabe *Yosano Akiko zenshū* in 13 Bänden. Erste selbstständige Buchpublikation auf Englisch: *Tangled Hair*, Boston 1935. Besonders hervorzuheben ist auch eine zweite Neuübersetzung des Klassikers *Genji monogatari*: *Shinshinyaku Genji monogatari* 1938–39, die Akiko nach dem Verlust des Manuskripts 1923 nochmals in Angriff genommen hat.

Am 26. März **1935** stirbt Yosano Tekkan.
Am 29. Mai **1942** stirbt Yosano Akiko.

Yosano Akiko –

Dichterin, Publizistin, Verfechterin der Demokratie und der Frauenrechte

Yosano Akiko (1878–1942) ist eine Schlüsselfigur des kulturellen Lebens in Japan zu Beginn des 20. Jahrhunderts. Rückblickend kann sie in einem Zug mit den modernen Klassikern Mori Ōgai und Natsume Sōseki genannt werden. Ja ihr Wirkungskreis war womöglich noch weiter gespannt, insofern er sich über einen Zeitraum von rund vierzig Jahren und über die Dichtung hinaus auf die gesellschaftlichen Verhältnisse und Entwicklungen der ersten Jahrhunderthälfte erstreckte.

Dass es sich hier um eine Autorin handelte, an deren Schreiben und Meinung man nicht vorbeikam, war offenbar auch ihren Zeitgenossen klar: Schon mit ihrem Erstling *Midaregami* (1901) wurde sie als maßgebende Dichterin anerkannt. Im Juni 1912 widmete ihr die führende Zeitschrift *Chūō kōron* eine Sondernummer. Darin schrieb kein Geringerer als Mori Ōgai:

«Falls man nach dem Ableben von Higuchi Ichiyō eine herausragende Literatin nennen soll, dann muss die Wahl wohl ohne Wenn und Aber auf sie fallen. Bei Frau Akiko findet sich in keiner Hinsicht Nachahmung. Ihre Individualität ist immer ohne jeden Zweifel erkennbar.»

Damals hatte ihr essayistisches, auf die Veränderungen in der Politik und in der Gesellschaft gerichtetes Schreiben gerade erst begonnen.

Herkunft und Entwicklung zur Tanka-Poetin

Die vorstehende tabellarische Chronik gibt einen knappen Überblick über die wichtigsten Ereignisse in Yosano Akikos Werdegang. Ein Blick in ihre Biografie offenbart Erstaunliches, unter den damaligen Verhältnissen gar Unerhörtes. Wie kam ein Mädchen aus erzkonservativem, im Denken noch der feudalistischen Edo-Zeit verhaftetem, kleinstädtischem Händlermilieu dazu, sich eine hochstehende literarische Bildung und Stilsicherheit anzueignen und sich als Vorbild und Vorkämpferin einer neuen Zeit zu profilieren?

Mädchen wurden in jener Zeit als künftige Mütter und devote Schwiegertöchter erzogen. Sich in jeder Beziehung zurückzunehmen galt als höchste Tugend. Gefragt waren schulisches Grundwissen und hauswirtschaftliche Kenntnisse, in begüterten Familien vielleicht auch einige Fähigkeiten in traditionellen Künsten wie Kalligrafie, Musik, Tanz und Teezeremonie. Eine Karriere, welcher Art auch immer, war nicht vorgesehen, also auch keine höhere Ausbildung.

Das galt im Prinzip ebenso für Akiko. Erschwerend kam in ihrem Fall hinzu, dass man eigentlich sehnlichst einen Sohn erwartet hatte, sodass sie sich während ihrer frühen Kindheit von den Eltern übersehen und an den Rand gedrängt fühlte. Allerdings hatte der Vater eine schöngeistige Ader; er besaß eine mit Klassikern reich bestückte Bibliothek. Die Söhne schickte er auf erstklassige Schulen, und als sich die kindliche Akiko aus eigenem Antrieb seinen Büchern zuwandte, hatte er nichts einzuwenden, sondern ermunterte sie dazu. Schon mit sieben begann sie eifrig zu lesen, und bald zeigte sich eine für dieses Alter höchst ungewöhnliche intellektuelle Neugier.

> «Ganz so wie ein Dürstender gierig Wasser schlürft, las ich vom zehnten, elften Jahr an die verschiedensten Schriften, wie sie mir gerade in die Hände kamen, denn ich wollte die Welt und das menschliche Wesen kennen lernen. […] Dabei vermied ich möglichst Ausgaben mit Kommentar und las immer wieder aufs Neue die Originale durch.» (*TYAZ* Bd. 17, S. 285)

Mit diesen Worten erinnerte sie sich 1919 an ihre Jugend, in einem Text mit dem Titel *Oriori no kansō*

(Gedanken von Zeit zu Zeit). Aus anderen ähnlichen Reminiszenzen geht hervor, dass sie sich zunächst vor allem den klassischen Schriften der Heian-Zeit und des Mittelalters (an erster Stelle dem *Genji monogatari*), später auch den Werken der Edo-Zeit (Bashō, Buson und so weiter) zuwandte.

So kam es, dass sie neben dem Schulbesuch und trotz zunehmender Verantwortung im elterlichen Geschäft mit etwa sechzehn Jahren bereits die wichtigsten Klassiker der japanischen Literatur nicht einfach nur überflogen, sondern sich weitgehend selbstständig erarbeitet und angeeignet hatte – eine außergewöhnliche Leistung. Auf dieser Grundlage entstanden viel später ihre zahlreichen, immer wieder aufgelegten modernen Übersetzungen klassischer Schriften. Die frühe Sprachbeherrschung und das historische Wissen befähigten sie einerseits zum eigenen Schaffen, das nunmehr einsetzte. Andererseits erwuchs ihr daraus das Bewusstsein von völlig unterschiedlichen weiblichen Lebensentwürfen: Auch in Japan hatten schon vor langer Zeit adlige Damen in ganz anderen Verhältnissen und Beziehungsformen gelebt und bleibende kulturelle Leistungen erbracht. Der Umbruch Ende des 19. Jahrhunderts eröffnete den Frauen nun erneut Perspektiven.

Akiko war eine Hochbegabte, die sich durch ihre Lektüre und aufkeimende Kreativität eine neue Welt der Fantasie erschloss, die aber gleichzeitig «geerdet» blieb und der immer größeren Verantwortung im Familienbetrieb trotz ihres jugendlichen Alters gerecht zu werden vermochte – eine höchst eigenständige, eigenwillige Persönlichkeit. Das bewies sie auch, als sie sich mit zweiundzwanzig Jahren das Recht herausnahm, ihre Familie Hals über Kopf zu verlassen, ihrem Geliebten und dichterischen Vorbild Yosano Tekkan nach Tōkyō zu folgen und sich im Rahmen seines Dichterkreises und seiner soeben gegründeten Zeitschrift ganz der Tanka-Poesie zu widmen. Die Heirat erfolgte im Herbst 1901, nachdem sich Tekkan hatte scheiden lassen.

Diese Vorgänge widersprachen selbstverständlich sämtlichen damaligen Konventionen und Wertvorstellungen und erregten umso mehr Aufsehen, als sie sich sozusagen unter den Augen der Öffentlichkeit abspielten. Denn die fast gleichzeitig publizierten Tanka nahmen, wenn auch in dichterisch gehobener Form, darauf Bezug, was dem Publikum durchaus bewusst war. Akiko beging also gleich mehrere Tabubrüche: Erstens war das Konzept der Liebesheirat gerade erst durch westliche Literatur bekannt geworden und hatte sich in der japanischen Gesellschaft noch nicht etabliert. Zweitens war es ein grober Verstoß, wenn sich eine Tochter erdreistete, ohne Zustimmung oder gar gegen den Willen der Eltern solche Entscheidungen zu treffen. Drittens verharrte das Tanka mit seiner jahrhundertealten Tradition damals in einer überkommenen, floskelhaften Sprache und Vorstellungswelt. Es war nicht vorgesehen, diese Form als Vehikel persönlicher Erlebnisse und echter Emotionen zu benutzen. Und als unerhört provokativ empfand man es viertens, dass sinnliches Begehren offen zur Sprache kam, besonders da es von einer jungen Frau wie Akiko formuliert wurde. Genau das war – abgesehen von der Tatsache, dass die sprachliche und dichterische Qualität ihrer Tanka allgemeine Bewunderung hervorrief – der Grund, warum sie sogleich zum Star einer jungen Generation avancierte.

In Tōkyō stand sie nunmehr zusammen mit ihrem Mann unangefochten im Zentrum des neoromantischen Dichterkreises «Shinshi-sha» und der Zeitschrift *Myōjō*, wo ihre Gedichte erschienen. Diese wurden danach fortlaufend in Buchausgaben zusammengefasst. Zwischen August 1901 und Mai 1909 kamen nicht weniger als acht Tanka-Bände heraus. Im selben Zeitraum gebar Akiko drei Söhne und Zwillingstöchter. Mit den höchst bescheidenen Ressourcen eines Literatenhaushalts wusste sie sich zu arrangieren, und als die *Myōjō*, das wichtigste Tätigkeitsfeld ihres Mannes, eingestellt werden musste, begann sie zielstrebig, Prosatexte in Zeitschriften und Zeitungen zu veröffentlichen, was sich danach während rund zehn Jahren zur – wenn auch prekären – Haupteinnahmequelle für den Familienunterhalt entwickeln sollte. Das war ein absoluter Ausnahmefall für das damalige Japan. 1911 brachte sie es sogar fertig, Geld für einen Europaaufenthalt ihres Mannes aufzutreiben. Sie selbst reiste ihm einige Monate später, im Mai 1912, hinterher. Diese lang ersehnte Europareise war ein entscheidender Schritt für die Horizonterweiterung der beiden, aber auch für die Festigung ihrer kriselnden Ehe. Inzwischen waren noch zwei Töchter geboren worden, und weitere Kinder folgten in den Jahren danach. Man muss sich das vorstellen: Neben ihrer Stellung als gefragte Dichterin und Publizistin brachte sie im Zeitraum zwischen 1902 und 1919 in elf Geburten dreizehn Kinder zur Welt – zwei waren Zwillingsgeburten. Ein Kind wurde tot geboren, ein weiteres starb 1917 zwei Tage nach der Geburt. Aber elf Kinder wuchsen auf und entwickelten sich zu angesehenen Persönlichkeiten. All dies zeugt von einer staunenswerten kreativen Energie, Zielstrebigkeit, Durchsetzungskraft und Lebensklugheit dieser Frau.

Das essayistische Schaffen

Yosano Akiko war bis zum Beginn der 1910er-Jahre ausschließlich als Dichterin, im Wesentlichen als Verfasserin von Tanka, bekannt. Erst danach trat sie jahrzehntelang prominent auch als Publizistin hervor, und ihre Stimme hatte Gewicht. Nach ihrem Ableben blieb sie vorwiegend als Poetin im Gedächtnis. In den 1980er-Jahren, nach Erscheinen der großen Gesamtausgabe in zwanzig Bänden *Teihon Yosano Akiko zenshū (TYAZ)*, interessierte man sich wieder vermehrt für sie, und die Veröffentlichungen zu ihrer Person und zu ihrem Werk nahmen in Japan sprunghaft zu. Dabei wurde auch ihre essayistische Prosa wiederentdeckt und teilweise durch Taschenbuchausgaben zugänglich gemacht.

Die Frauenbewegung, die seit den Siebzigerjahren des letzten Jahrhunderts international und auch in Japan mehr und mehr an Dynamik gewonnen hatte, spielte hier eine nicht geringe Rolle. Schriftstellerinnen erhielten allgemein größere Aufmerksamkeit, und im Rahmen dieser Aufbruchsstimmung wurde auch die Geschichte des Feminismus in Japan seit Beginn des 20. Jahrhunderts aufgearbeitet. Zwangsläufig gerieten so die Prosaschriften Akikos in den Fokus – neben dem Wirken der Frauen, die sich um die Zeitschrift *Seitō* (Blaustrumpf, 1911–1916) zusammengeschlossen hatten, und neben den Aktivistinnen der Zwanziger- und Dreißigerjahre. Akiko wurde als wichtige Vorläuferin anerkannt, deren Stellungnahmen nichts an Deutlichkeit zu wünschen übrig ließen und noch immer frisch und aktuell wirkten.

Im deutschen Sprachbereich ist Yosano Akikos Wirken bisher noch nicht angekommen. Trotz einzelner verdienstvoller Beiträge und Übersetzungsproben in Aufsatzsammlungen und Anthologien fehlen repräsentative Buchausgaben, die für ein breites Publikum greifbar sind und Akikos Bedeutung als moderner Klassikerin der japanischen Literatur gerecht werden.

Abhilfe will die vorliegende Ausgabe schaffen, der schon bald ein Band mit Akikos Tanka-Gedichten folgen wird.

Wie kam es zu Yosano Akikos Karriere als Publizistin? Der konkrete Ansporn dazu ist wohl in den Anfeindungen zu suchen, denen sie im Anschluss an ihre «Flucht» nach Tōkyō ausgesetzt war. Sie dachte nicht daran, solche Kritik unwidersprochen hinzunehmen. Durch ihre Repliken entdeckte sie, dass sie nicht nur Dichterin war, sondern auch die Fähigkeit besaß, eine gedanklich stringente Prosa auf sprachlich hohem Niveau in der modernen japanischen Umgangssprache zu verfassen. Die Sprache von Tōkyō hatte sich ja erst kurz vor der Jahrhundertwende als allgemein gebräuchliche Verkehrssprache auch in Zeitungen und Zeitschriften gegen die klassische Schriftsprache durchgesetzt. Akikos Prosastil ist hochdifferenziert und anspruchsvoll, mit oft überlangen, komplexen Satzfügungen.

Von 1909 an kam die schiere Notwendigkeit hinzu, durch solches Schreiben den Lebensunterhalt der großen Familie zu sichern, wie sie das im Essay *Mein literarisches Leben* ungeschminkt zum Ausdruck bringt. Da sie mit ihrer Prosa bei Redaktionen und Lesern Erfolg hatte, stand ihr ein neues Wirkungsfeld offen. Wie wichtig dabei die Erfahrungen ihrer Europareise waren, hat sie in einer Aufzeichnung von 1915 mit folgenden Sätzen zum Ausdruck gebracht:

> «Nach der Rückkehr aus Europa verlagerten sich meine Interessen und meine Aufmerksamkeit von den Künsten auf ideelle und konkrete Fragen im Zusammenhang mit dem täglichen Leben. […] Beim eiligen

Durchblättern von Zeitungen und Zeitschriften überschlage ich zunächst einmal die kulturbezogenen Seiten und lese an erster Stelle Artikel über den Krieg in Europa und über Probleme der japanischen Politik. Das ist ein ungewöhnlicher Wandel meiner Geistesverfassung. In den letzten ein, zwei Jahren habe ich mich so weit verändert, dass mich fortwährend ein unbestimmtes Gefühl umtreibt, mein Ich als Japanerin könne sich nicht zufriedengeben, solange es nicht allenthalben seinen bescheidenen Beitrag zur Verbesserung der Lebensumstände der Japaner geleistet habe.» (Zit. aus: *Kyōshin tōgo*. Zeitschrift *Taiyō* Jan.–März 1915. *TYAZ* Bd. 14, S. 440–41)

Yosano Akikos essayistische Texte erschienen von 1910 an in ununterbrochener Folge über rund dreißig Jahre hinweg in verschiedensten Frauenmagazinen wie *Jogaku sekai* oder *Fujin gahō*, in Zeitschriften für die breite Öffentlichkeit wie *Taiyō* oder *Chūō kōron* und in Tageszeitungen wie *Yomiuri shinbun*, *Ōsaka mainichi shinbun* oder *Yokohama bōeki shinpō*. Um die letztgenannte Zeitung als Beispiel zu nehmen: Auf Einladung des einflussreichen Besitzers und Chefredakteurs, Miyake Ban, konnte Akiko dort von 1916 bis zu Miyakes Tod 1935 nicht weniger als 816 Beiträge platzieren.

Die in verschiedenen Medien abgedruckten Texte wurden jeweils kurzfristig zu Essaybänden zusammengestellt. Die ersten zehn Titel sind in der vorangestellten biografischen Chronik aufgeführt. Bis 1934 kamen im Ganzen fünfzehn solche Prosa-Anthologien zustande. Formal bestehen die Texte aus tagebuchartigen Notizen und kurzen Glossen bis hin zu zehn, zwölf, selten auch zwanzig Seiten umfassenden kleinen Abhandlungen. Sie nehmen in der Gesamtausgabe *(TYAZ)* die sieben letzten Bände (Nr. 14–20), das heißt etwa 4000 Seiten, in Anspruch – ein beeindruckendes, nicht leicht zu überschauendes Volumen!

Die Texte befassen sich mit einer breiten Themenpalette, von Kindheitserinnerungen, Reiseberichten, persönlichen Erfahrungen, Beobachtungen und Reminiszenzen über Äußerungen zur Dichtung und klassischen Literatur bis hin zu unterschiedlichsten sozialen und politischen Fragen. Zentral sind ohne Zweifel die Auslassungen über das Verhältnis von Mann und Frau, Liebe, Ehe, Sexualität, Mutterschaft und weitere geschlechtsspezifische Fragen, sodann die meist äußerst selbstbewussten, kritischen Stellungnahmen zu Freiheit, Individualität, Erziehung und Bildung, Arbeit, Gleichstellung der Geschlechter, zu Krieg und Frieden, zur japanischen Politik, zu Demokratie und Wahlen.

Eine kleine Auswahl wie die vorliegende spiegelt einerseits das Urteil früherer Forscher und Biografen, andererseits die Schwerpunkte aus Sicht des Herausgebers wider. Es herrscht weitgehender Konsens, dass der Schaffenszeitraum zwischen 1910 und den beginnenden Zwanzigerjahren von besonderem Interesse ist, weil sich hier entscheidende Umbrüche und Weichenstellungen in der Entwicklung Japans vollzogen haben und Akiko in diesem Jahrzehnt mit besonders kritischem Elan und aufklärerischem Sendungsbewusstsein nachgedacht und geschrieben hat.

Die Präsentation in vier Abteilungen versucht eine Balance zwischen den wichtigsten Themenbereichen herzustellen: Abschnitte über die persönliche Situation als Schriftstellerin und Mutter stehen den Problemen der Geschlechterbeziehungen gegenüber. Als Zugabe aus aktuellem Anlass habe ich zwei kurze Beiträge über die Pandemie vor hundert Jahren beigefügt; sie zeigen, wie wenig sich die Reaktionen der Menschen in einer solchen Ausnahmesituation verändern.

Besonders wichtig ist mir aber die dritte Textgruppe: Die Frage, seit wann und wie die Demokratisierung der Gesellschaft – die schließlich zur gesetzlichen Verankerung des allgemeinen Männerwahlrechts 1925 und nach dem Ende des Zweiten Weltkriegs auch des aktiven und passiven Wahlrechts für Frauen führte – verhandelt und vorangetrieben wurde, ist für die japanische Geschichte im 20. Jahrhundert von überragender Bedeutung. In der Regel nimmt man die diesbezügliche Entwicklung Japans vor dem Zweiten Weltkrieg noch immer nicht genügend zur Kenntnis. Das parlamentarische System wurde 1945 nicht einfach von außen oktroyiert, sondern hatte im Lande selbst eine lange Vorlaufzeit. Gewiss, es waren Gelehrte und Theoretiker wie Yoshino Sakuzō, welche die Diskussionen über die sogenannte «Demokratie der Taishō-Zeit» forcierten und konkrete politische Forderungen formulierten. Aber sie fanden breite Unterstützung, über Intellektuellen- und Künstlerkreise hinaus. Einen Höhepunkt erreichten diese Bestrebungen 1919, nach dem Ende des Ersten Weltkriegs. So schrieb beispielsweise der bedeutende Schriftsteller Arishima Takeo, der auch mit Yosano Akiko in Kontakt stand, an seine Brieffreundin Tilda Heck im schweizerischen Schaffhausen folgende Sätze:

> «Japan ist jetzt in einer kritischen Zeit, erreicht fast den Punkt einer gesellschaftlichen Revolution. Die demokratischen Tendenzen sind in den Volksmassen spürbar. Und diese geben sich nicht zufrieden, solange nicht das eine oder andere Mittel versucht wird, das gesellschaftliche Leben neu zu gestalten.» (Brief vom 15. März 1919)

Aus solchen beiläufigen Zeilen spricht derselbe Enthusiasmus, der uns auch in Akikos gleichzeitig entstandenem längerem Essay *Meine Überlegungen zur Demokratie* vom April 1919 entgegentritt. In den hier präsentierten Essays ist zudem der Fortschritt der Diskussionen und der Wandel der politischen Atmosphäre im Verlauf der Zehnerjahre deutlich nachvollziehbar.

Es dürfte für die meisten Leserinnen und Leser eine Entdeckung sein, mit welcher Verve, ja Radikalität Akiko hier über ihre politischen Idealvorstellungen spricht, mit welcher Direktheit und gedanklichen Schärfe sie andernorts den herrschenden Mächten – Parteien, Regierungen, Ministern – an den Karren fährt. Wer hätte das einer japanischen Frau und Tanka-Dichterin, die vor über hundert Jahren schrieb, zugetraut!

Bedauerlicherweise werden gerade diese Texte in Japan heute wenig beachtet. Und das, obwohl Akiko nach ihrem Ableben 1942 durch mehrere Gesamtausgaben sowie zahlreiche Sammlungen und Neuauflagen ihrer Werke, in den letzten Jahrzehnten zudem durch Darstellungen im Film und im populären Manga immer im Gespräch geblieben ist.

Im deutschen Sprachraum ist diese Seite ihres Schaffens völlig unbekannt. Ich hoffe daher, mit den vorliegenden Essays nicht nur die Autorin ins rechte Licht zu rücken, sondern auch unserem überkommenen Japanbild eine neue, überraschende Facette hinzuzufügen.

Eduard Klopfenstein

Kommentierte Literaturhinweise

Maßgebende Gesamtausgabe: *Teihon Yosano Akiko zenshū (TYAZ)*. 20 Bde. Kōdansha 1979–81.

Auf Deutsch gibt es nur wenig Literatur zu Yosano Akiko.

Zu Leben und Werk

May, Katharina. *Die Erneuerung der Tanka-Poesie in der Meiji-Zeit (1868–1912) und die Lyrik Yosano Akikos*. Veröffentlichungen des Ostasien-Instituts der Ruhr-Universität Bochum Harrassowitz, Wiesbaden 1971. 341 S.

[Die Abhandlung befasst sich nur mit Akikos frühen Jahren sowie mit der Tanka-Geschichte und -Poetik jener Zeit, nicht mit der Essayistin der späteren Jahre.]

Wöhr, Ulrike. *«Grenzüberschreitungen: Yosano Akiko und Tamura Toshiko»*. In: *Japan – Lesebuch III, Intelli.* Hg. v. Steffi Richter. Konkursbuchverlag Claudia Gehrke. Tübingen 1998. S. 184–201.

Dodane, Claire. *Yosano Akiko – Poète de la passion et figure de proue du féminisme japonais*. Publications orientalistes de France, Paris 2000. 356 S.

[Einzige umfangreiche, sehr empfehlenswerte Publikation in einer westlichen Sprache, die das gesamte Schaffen Akikos einbezieht, auch das der Publizistin späterer Jahre.]

Pauly, Ulrich. «*Yosano Akiko – Dichterin und Gesellschaftskritikerin*». Feature I. In: *OAG Notizen* 05/2010. S. 12–41. https://oag.jp/img/images/publications/oag_notizen/Notizen_1005_Feature_Pauly.pdf
[Ausführlichste Biografie auf Deutsch. Akikos Essayistik wird zwar erwähnt, aber kaum näher charakterisiert.]

Übersetzungen

Piper, Annelotte (Hg./Übers.). «*Yosano Akiko*». (Einleitung und 8 Gedichte im westlichen Stil). In: *Kaum berührt, zerfällt die Mauer der Nacht – 28 japanische Lyrikerinnen des 20. Jahrhunderts*. Deutscher Taschenbuch Verlag, München 2011. S. 13–23.
[Hier auch die Übersetzung des berühmten Gedichts von 1904 *Kimi shinitamō koto nakare* – Bruder, du darfst nicht sterben!]

Yosano Akiko. «*Sozorogoto*» (Nur so dahingesagt). Ins Deutsche übertragen von U. Wöhr und M. Wakabayashi-Oh. In: *Japan – Lesebuch II*. Konkursbuch Verlag, Tübingen 1990, S. 122–125.
[Es handelt sich um den Gedichtzyklus, den Akiko 1911 für die erste Nummer der feministischen Zeitschrift *Seitō* (Blaustrumpf) geschrieben hat.]

Zur allgeneinen Situation der Frauen in Japan / Zur Taishō-Demokratie

Linhart, Ruth/Fleur Wöss (Hg.). *Nippons neue Frauen*. rororo Sachbuch. Reinbek bei Hamburg 1990. V. a. S. 136–37.
Gössmann, Elisabeth (Hg.). *Japan – ein Land der Frauen?* [Publ. der OAG Tōkyō]. Iudicium Verlag, München 1991. V. a. S. 216–218.
Mae, Michiko. «*Wege zu einer neuen Subjektivität – Die neue japanische Frauenbewegung als Suche nach einer anderen Moderne*». In: Ilse Lenz et al. (eds). *Frauenbewegungen weltweit. Aufbrüche, Kontinuitäten, Veränderungen*. Opladen 2000. S. 21–50.
[Zur Situation der Frauen zu Beginn des 20. Jahrhunderts und zur «Blaustrumpf-Bewegung».]

Meyer, Harald. *Die «Taishō-Demokratie» – Begriffsgeschichtliche Studien zur Demokratierezeption in Japan von 1900 bis 1920*. Welten Ostasiens, Bd. 4. Peter Lang Verlag, Bern 2005.

[Die einzige ausführliche, erhellende Untersuchung und Darstellung der Diskussionen um die Taishō-Demokratie in einer westlichen Sprache.]

Zum Schriftsteller Arishima Takeo und der auf S. 145 zitierten Briefstelle vom 15. März 1919 siehe:

Arishima Takeo – Briefe an Tilda Heck. Aus dem Englischen übersetzt und eingeleitet von Verena Werner. [Sonderdruck aus *Asiatische Studien* LV, 1, 2001. *Die Schweiz in der modernen japanischen Literatur*. Hg. von E. Klopfenstein und V. Werner]. Peter Lang Verlag, Bern 2001.

Inhalt

I. Persönliches

II. Beziehung der Geschlechter / Stellung der Frau

III. Frau und Politik / Demokratie

IV. Pandemie: Spanische Grippe 1918-1920

Penguin Random House Verlagsgruppe FSC® N001967

Diese Buchausgabe wurde von Greiner & Reichel, Köln
aus der Sabon LT Pro gesetzt,
von der Druckerei Friedrich Pustet in Regensburg
auf FSC-zertifiziertem Papier gedruckt und gebunden.
Den Umschlag gestaltete das Favoritbuero, München
unter Verwendung von Motiven
von © tekinturkdogan/iStockphoto/Getty Images
Printed in Germany 2022
ISBN 978-3-7175-2542-4

www.manesse-verlag.de

BEI MANESSE

Jane Austen
STOLZ UND VORURTEIL
Übersetzung: Andrea Ott
Nachwort: Elfi Bettinger

Tania Blixen
BABETTES GASTMAHL
Übersetzung: Ulrich Sonnenberg
Nachwort: Erik Fosnes Hansen

Tania Blixen
JENSEITS VON AFRIKA
Übersetzung: Gisela Perlet
Nachwort: Ulrike Draesner

Charlotte Brontë
JANE EYRE
Übersetzung: Andrea Ott
Nachwort: Elfi Bettinger

Willa Cather
SCHATTEN AUF DEM FELS
Übersetzung: Elisabeth Schnack
Nachwort: Sabina Lietzmann

Grazia Deledda
SCHILF IM WIND
Übersetzung: Bruno Goetz
Nachwort: Federico Hindermann

Zelda Fitzgerald
HIMBEEREN MIT SAHNE IM RITZ
Übersetzung: Eva Bonné
Nachwort: Felicitas von Lovenberg

Sarah Kirsch
FREIE VERSE
Nachwort: Moritz Kirsch

Madame de La Fayette
DIE PRINZESSIN VON CLÈVES
Übersetzung: Ferdinand Hardekopf
Nachwort: Alexander Kluge

Clarice Lispector
ICH UND JIMMY
Übersetzung: Luis Ruby
Nachwort: Teresa Präauer

Katherine Mansfield
FLIEGEN, TANZEN, WIRBELN, BEBEN
Übersetzung: Irma Wehrli
Nachwort: Dörte Hansen

Murasaki Shikibu
DIE GESCHICHTE DES PRINZEN GENJI
Übersetzung. Oscar Benl
Nachwort: Eduard Klopfenstein

Olive Schreiner
DIE GESCHICHTE EINER AFRIKANISCHEN FARM
Übersetzung: Viola Siegemund
Nachwort: Doris Lessing

Sei Shōnagon
KOPFKISSENBUCH
Übersetzung und Nachwort:
Michael Stein

Mary Shelley
FRANKENSTEIN
Übersetzung: Alexander Pechmann
Nachwort: Georg Klein

Edith Wharton
ZEIT DER UNSCHULD
Übersetzung: Andrea Ott
Nachwort: Paul Ingendaay

Yosano Akiko
MÄNNER UND FRAUEN
Übersetzung und Nachwort:
Eduard Klopfenstein

DIE FLÜGEL MEINES SCHWEREN HERZENS
LYRIK ARABISCHER DICHTERINNEN
VOM 5. JAHRHUNDERT BIS HEUTE
Arabisch – Deutsch
Übersetzung: Khalid Al-Maaly und Heribert Becker
Nachwort: Khalid Al-Maaly